TONY MOGGIO

TALONNEUR BRISÉ

En couverture : Tony Moggio, stade Ernest-Wallon, Qiang Xu, septembre 2015

10, rue des Arts – BP 38028
31080 Toulouse Cedex 6
ISBN : 978-2-7089-2834-3
Dépôt légal : septembre 2015

TONY MOGGIO
TALONNEUR BRISÉ

PHILIPPE MOTTA

ÉDITIONS
Privat

À l'enfant à naître

TABLE DES MATIÈRES

PROLOGUE

« Je suis maître de mon destin et capitaine de mon âme. »

William Ernest Henley, *Invictus*, 1875.

J'ai d'abord entendu le bruit lointain du rotor puis, de plus en plus distinctement, le chuintement tranchant des pales qui fauchaient l'air glacé.

Dans le vacarme croissant de l'engin en approche, j'ai su que je venais de changer de vie. Je l'avais déjà deviné, mais là je l'ai compris.

Définitivement.

Je l'avais pressenti dans le silence qui s'était abattu sur le stade et soupçonné dans la façon dont les soigneurs s'étaient penchés sur moi en évitant de me toucher. Comme s'il était besoin d'une confirmation, je l'avais également lu dans les yeux des pompiers qui habillaient de mots trompeurs un embarras palpable.

Il y avait dans les gestes de tous une fébrilité chargée de trop de gêne, entre eux trop de regards interrogateurs, un malaise sourd et énervé qui cadrait mal avec les propos rassurants qu'ils essayaient de m'inoculer. Déjà, je crois que je savais.

Confusément.

Un peu, j'imagine, comme le type qui tombe à l'eau et voit le bateau s'éloigner dans la nuit, osant penser encore qu'il fera demi-tour, tout en sachant déjà et de façon très pertinente que ça ne se passe jamais comme ça. Mais rien n'interdit de jouer à y croire, de retarder tant que faire se peut l'instant où la vérité va s'imposer d'elle-même, comme moi je l'ai fait ce jour-là, le temps de quelques minutes précieuses et dérisoires.

Gagner du temps sur la vie, dont on sait déjà que c'est la vie « d'avant ».

Feuille de match...

« Jamais je ne pourrai effacer ce jour de ma mémoire.
Il me brûle encore quand j'y pense et j'y pense souvent.
J'ai tous les détails dans la tête et j'en suis malade parce que pour moi tout commence le vendredi. C'est moi qui ai fait la feuille de match et je ne m'en remets pas.

Je n'aurais jamais dû le porter dans l'effectif : il m'avait dit qu'il allait au ski le samedi dans la journée, et que le soir il était invité à un anniversaire. J'étais d'accord pour lui "donner" son dimanche et il était convenu qu'on se retrouverait à l'entraînement la semaine suivante.
Mais la vie tient à des détails qui font tout basculer : j'étais sur ma feuille et le talonneur qui devait jouer à sa place me téléphone pour me dire qu'il était malade.

Une gastro.

Je m'en souviens comme si c'était hier. Là, j'ai fait ce que je n'aurais jamais dû faire. J'ai appelé Tony pour lui demander si... et il a accepté de venir parce qu'il trouvait normal de ne pas laisser tomber l'équipe.

C'est moi, vous comprenez, c'est moi qui lui ai demandé de renoncer à ses amis pour venir jouer.
C'est absurde.

Et si… et si…

Je me dis que je ne raisonne pas de façon rationnelle.
Mais je n'y arrive pas, c'est émotionnel. Il me reste cette certitude : c'est moi qui l'ai envoyé dans cette mêlée où il n'aurait jamais dû se trouver. »

Thierry Boyer, entraîneur des avants du RC XV.

TALONNEUR

15 h 15, le dimanche 7 février 2010. À Labarthe-sur-Lèze, contre Labarthe-sur-Lèze. Deuxième série de la ligue des Pyrénées. J'ai dans le dos le numéro 2 du RC XV, Rugby Castelginest XV, jaune et bleu azur sur mon short blanc. Il y a un quart d'heure à peine que le coup de sifflet d'engagement a été donné et c'est déjà la cinquième mêlée, sur un en-avant des bleus-France de Labarthe.

“ Talonneur, tu y vas la tête la première. Le front c'est ton seul pare-chocs.

On s'attendait à du rude et c'est le cas, car ni eux ni nous ne voulons rien lâcher. Nos deux équipes sont dans le mauvais milieu de tableau. Celui du dessous. On n'est pas franchement mal, mais pas carrément bien non plus. Bref, il n'y a pas grand-chose à gagner mais beaucoup à perdre. Au total, en comptant bien : trente lions sur la pelouse avec parmi eux quelques buffles, dont je suis le numéro 2.

Quand il y a mêlée, c'est mon tour et je le prends. Talonneur, t'as sept copains avec toi et huit pas copains en face. Tous morts de faim, avec la même envie d'attraper un ballon finalement pas plus gros qu'une cacahuète au regard de l'appétit ambiant. Ici, on est chez les « gros » ; au cumul, il y a plus d'une tonne et demie de mecs qui veulent la même chose que toi : attraper la balle et interdire aux autres de la récupérer. L'inverse est vrai. Toujours vrai, parce que c'est comme ça, c'est du rugby.

Talonneur, tu es le mât central, le gouvernail et le timonier d'un bateau qui en éperonne un autre. À ta droite, à ta gauche, les deux piliers, tes coéquipiers. Tu n'as pas assez de bras pour faire le tour de leurs épaules, alors tu les agrippes sous les aisselles – quand tu y arrives. Eux, ils te calent dans le gras du bide, sous les côtes.

Entre toi et eux, les deux deuxième ligne viennent mettre la tête dans l'étau des hanches qui se serrent, parce que bien sûr il faut serrer. Il ne faut pas opposer huit fois la force d'un joueur, mais la puissance compacte d'un bloc. Une fois huit, à environ cent kilos pièce, gavés de sucres lents, les calories en zone rouge, la gnaque au kérosène. La moelleur de l'enclume.

Les packs face à face. Les ordres de l'arbitre, scandés : « Flexion, touchez, stop, entrez[1] ! » Et boum ! Les deux meutes en percussion, seize mecs bourrés d'adrénaline, délicats et cordiaux comme le GIGN qui essaie d'ouvrir une porte. Toi, talonneur, tu n'as pas de bras. Tu y vas la tête la première, le front c'est ton seul pare-chocs.

Deuxième série, ligue des Pyrénées : on est dans l'âpre et le petit budget. L'ostéo, connais pas ; ici, c'est le royaume de la serviette Décathlon bourrée de glaçons, et pour la préparation mentale, mieux vaut compter avec une bourrade sur l'épaule ou une main au cul (« T'inquiète, ça va aller ») que sur un coach "développement personnel" venu de la ville avec Lacan sous le bras.

C'est sifflé et tu y vas. Les bras écartés, confisqués par les piliers, tu y vas comme un crucifié.

Talonneur, donc, la tête la première. Poussé par les tiens, contré par les autres, pleine face. Question muscle, tu n'y es pas encore et tu le sais, mais côté cœur, envie, volonté, désir et honneur pour

---

1 . C'était la règle en 2010. En 2012, les ordres ont changé : « Flexion, touchez, jeu ! »

ton maillot, tu ne baisseras jamais les yeux devant les héros qui sourient sur les posters dédicacés dont tu avais tapissé ta chambre d'ado et qui y sont encore. Le rugby, c'est une école, et même s'ils ne sont pas dans les tribunes on a des maîtres, ou plus exactement des exemples, dont on veut se montrer digne. Même à Labarthe-sur-Lèze.

Qu'il s'agisse d'aller chercher le ballon ou de le faire glisser derrière, tous les muscles sont durs, ça souffle, ça tire les maillots, les cheveux, les oreilles, les nez. Ça pousse latéralement, longitudinalement, vers le haut, vers le bas. Talonneur, tu dois caler tout ça, éviter que la mêlée tourne, se soulève ou, pire, qu'elle s'effondre ; tu dois le sentir avec ta nuque, ta colonne, tes reins, tes cuisses, tes pieds. De toutes tes chairs qui commencent à prendre feu.

Tu dois aussi garder ton équilibre. Surtout garder l'équilibre, et en même temps jouer ta partition face au numéro 2 d'en face qui veut exactement la même chose : donner le bon coup de rein, ou d'épaule, ou de tête dans le quart de seconde où il ne s'agit pas de dire que tu vas te relâcher, fléchir ou renoncer – ça, jamais. C'est plus infime. Il attend. Il épie comme toi tu le fais cette milliseconde où tu vas avoir besoin de respirer plus fort, de faire entrer dans tes poumons l'ouragan d'air frais qui va donner à tes muscles l'oxygène qui vient à manquer.

Tu veux ce coup de gaz comme lui l'espère, et tous les deux on sait que cet instant est hautement paradoxal : c'est précisément quand tu fais le plein d'énergie que tu relâches un peu, juste un peu de tension. Et c'est là que ça va secouer, que tu vas ou non être submergé par la houle ; gagner ou perdre cette confrontation. Ce quart de poil d'instant qui fait l'éternité d'une mêlée gagnée ou perdue, tu le cherches pour toi, en même temps que l'autre le guette pour lui, tout en espérant te l'interdire, comme toi tu le fais. Mais dans l'action, il est impossible de penser cette mécanique de la hargne, tu es juste dans la situation qui porte au point de fusion l'unisson féroce de ton corps et de ta volonté.

On ne devient pas talonneur. On l'est. Je veux dire qu'au rugby ce poste n'est fait pour personne, mais cependant quelqu'un doit s'y faire. Il y a des gens qui sont taillés pour. Ce n'est pas qu'une question de gabarit, pas que ; ce n'est pas qu'une question de mental, pas que. Mais ça aide ; et le gabarit, et le mental. Il faut juste qu'il y en ait un plus costaud que l'autre, mais on ne sait jamais lequel devra régir l'équilibre entre l'inconscience fracassante et la subtilité de dentellière qu'exige ce poste. C'est selon, parce qu'on est tour à tour le bélier qui écrase et le mur qui doit tenir droit.

Tout marche au pressentiment, une intuition qui part de la tête. Pas du cerveau, de la tête. C'est le seul point de contact avec en face, et c'est par là que passe l'influx qui doit te permettre de tout savoir de l'autre, s'il est bien ou mal, solide ou vacillant.

Tu dois le sentir parce que tu ne vois rien. La tête en bas, ton horizon n'est plus qu'un vague carré d'herbe obstrué de temps à autre par des genoux qui fusent vers ton menton, des doigts qui cherchent tes trous de nez ou tes orbites. L'autre, en face, est dans le même état que toi. Il n'a ni bras ni jambes à ton intention, mais il a son crâne qui frotte fort, comme toi tu ne te prives pas de le faire. Tout ça dans la morve qui lui pend du nez et se mélange avec la tienne, les postillons et la bave de tous. Avec la sueur qui est tout sauf un lubrifiant, le feu t'embrase le front, les joues, parce qu'en face il ne s'est pas rasé, et toi non plus. Une barbe de trois jours qui te ponce aux toxines porte la couenne à incandescence, et tu le lui rends bien.

Que tu aies ton casque ou pas, ton bandeau ne sert à rien non plus : tu sais que tu sortiras de là les oreilles comme des pneus de vélo, la face rouge, le corps cramé des sourcils aux doigts de pied.

Talonneur.

Un buffle, putain. Un putain de buffle.

15 h 15, dimanche 7 février 2010, cinquième mêlée. On est dans un match déjà rythmé à l'ébarbeuse plutôt qu'au quatuor à cordes. Il y a déjà eu trois attaques très nettes, dont une des bleus d'en face que je suis assez fier d'avoir stoppée par un placage d'école qui, même si on joue chez eux, m'a valu les bravos des tribunes, et surtout les félicitations de l'entraîneur qui nous connaît chacun sur le bout de nos peurs et capacités.

S'il m'a dit un mot si vite, si près du coup d'envoi, c'est parce qu'il me sent dans le juste flux du match. Il n'est pas là pour me flatter, plus simplement il a vu mon geste et il sait que l'enthousiasme est contagieux, alors il me demande de ne pas lâcher, de continuer avec la même détermination dont il espère qu'elle fera boule de neige sur le mental de l'équipe. Il sait que sur ce match le RC XV va avoir besoin de toutes les énergies et il y met aussi la sienne. Tout le monde y croit, forcément.

Ce jour-là, il fait beau pour la saison. Dix degrés. À peine un peu de vent. Quinze minutes de jeu et déjà la météo est le cadet de nos soucis. On souffle fort, on transpire, et ce des deux côtés de la ligne. Rien de déterminant n'a été produit et le score est vierge. Cette mêlée n'a rien de périlleux question tableau d'affichage, mais elle constitue un moyen de marquer notre emprise sur le match.

Face aux bleus de Labarthe, « Baloo » à gauche et Jean-Luc à droite, « on se lie ». Ce doit être notre millième mêlée, alors bien sûr on sait faire. Il y a entre nous trois une complicité, les chroniqueurs appellent ça des « automatismes ». Mais nous, on ne dit rien. On ne nomme pas cet instant, fait et refait des centaines de fois à chaque entraînement, des dizaines et des dizaines de fois en match. « Flexion ! » ordonne l'arbitre.

Et là, que se passe-t-il ? Je ne sais pas, mais je ne suis pas à l'aise à droite.

Et l'homme en noir enchaîne : « Touchez, stop ! » J'ai un problème à droite, j'essaie de regarder Jean-Luc. Je ne sais pas si je l'ai vu, un peu haut peut-être, je n'en suis même pas sûr aujourd'hui car je parle ici d'un quart de seconde, j'ai dû tourner la tête alors que l'arbitre finissait ses ordres : « Entrez ! »

Et boum ! huit cents kilos qui poussent, huit cents kilos qui n'arrivent pas exactement en face. Une respiration trop tôt ou trop tard, un coup d'œil, je ne sais plus, ma tête de traviole, la nuque en porte-à-faux, va savoir… Et boum ! Mais je ne sens même pas le choc. Ou bien je l'ai senti très fort parce que, paraît-il, j'ai gueulé. Je ne m'entends ni beugler ni encaisser en silence. Je ne m'entends plus, je ne me vois plus : j'ai aussitôt été aspiré dans un trou noir. Ce que j'écris là s'est déroulé en moins de temps qu'il n'en faut pour le lire, pas même pour le dire.

Le trou noir dure encore, car tout s'est joué dans un interstice de temps si ténu qu'il m'est impossible de le décomposer. Je ne me rappelle même pas être entré dans cette mêlée ; je n'en sais rien ; plus rien.

Poids mort…

« Le jour de l'accident, on avait une bonne équipe en face. Je veux dire qu'on était de force à peu près égale et que les mecs étaient corrects. Je revois cette mêlée, quasiment au centre du terrain, légèrement décalée sur notre gauche. J'ai failli ne pas rentrer, parce que nous avions un petit problème avec l'arbitre. Il était très jeune et c'était un de ses premiers matchs à ce niveau. Quand il donnait les ordres il avait tendance à réciter, ce qui était un peu déroutant pour la mise en place. Nous, autant que nos adversaires, le lui avions déjà dit. Mais bon, nous le savions.
Je ne sais pas si c'est la cause, c'est plutôt pour moi une explication, une manière de comprendre le film que je me suis repassé en boucle des milliers de fois. Alors on se lie, et tout arrive très vite parce que les ordres s'enchaînent et l'impact est déjà là.

Tout se déroule en un quart de seconde. Tony est sous mon bras droit, je le tiens au niveau de la hanche après avoir empoigné son short et son maillot. En même temps que je comprends que Jean-Luc[1] n'y est pas, j'entends Tony crier et je le sens s'effondrer comme un poids mort. »

Julien « Baloo » Dangles, pilier gauche du RC XV.

1 . Le pilier droit.

UN CARRÉ DE CIEL BLEU

Plus ressenti que vu...

« J'ai pas eu le temps de rentrer. Même pas le temps de dire que j'étais pas prêt. J'ai pris la mêlée dans le bide.

Moi, j'étais sur la droite de Tony. On était agrippés, c'est sûr ; sur la gauche, j'ai vu que "Baloo" y était. Après, tout est allé très vite, forcément. Avant que l'arbitre siffle, c'est une histoire de respiration, dans les poumons et dans la tête aussi. On fait le plein de gaz et on s'apprête à encaisser la charge. Un tempo physique et mental, en somme.

On était liés, donc, mais pas prêts, c'est sûr. Être prêts c'est être ensemble à la même seconde, on va calquer nos mouvements sans contretemps pour faire un mur. Là, on parle d'un poil de seconde. Je ne sais plus pourquoi je ne m'y suis pas mis, ou pourquoi je me suis senti en décalage.

Je me souviens très bien qu'on avait un jeune arbitre. Il donnait les ordres trop vite. On lui avait d'ailleurs demandé d'y aller mollo dans l'enchaînement. Attention, je ne le mets pas en cause. Je dis simplement qu'on avait ce problème. Je ne sais pas si, à cet instant, c'est ça, cette rapidité dans les ordres, qui m'a déstabilisé ; en vérité, je n'en sais rien, je n'en sais plus rien.

J'ai refait cette mêlée des centaines de fois jusqu'à en perdre le manger et le sommeil. Plus je ressasse, moins ça sort de façon claire. Il y a eu un décalage entre Tony et moi que je ne peux pas expliquer.

Il n'y a qu'un truc qui est limpide et constant : je me revois avec la tête dessus alors que j'aurais dû l'avoir dedans,
et je sens le pilier d'en face qui me tape dans le ventre.
Après, je n'ai plus de certitude.

Ce qui reste, c'est que cet accident nous a tous fait basculer.
Moi, j'ai été mal. Je l'ai vécu comme le coupable, comme si je l'avais attaqué dans la rue. Je me suis senti un peu seul face à lui et ça n'a pas été facile de reprendre contact.
Mais bon, Tony a la mentalité. Je suis allé le voir quand il est sorti de l'hosto et que j'ai su qu'il pouvait parler.
On s'est expliqués et ça nous a fait du bien.

Je sais qu'il ne m'en veut pas parce qu'il connaît le rugby et qu'il a de l'honneur.

Pour moi, si je ne suis pas rentré, ce n'est pas parce que j'ai eu peur ou parce que j'ai lâché les copains en me disant que ça allait faire mal. C'est la phase de jeu qui m'a dépassé, j'ai été embarqué moi aussi mais ça ne compte pas.
En temps normal, cela aurait donné une mêlée perdue ou à refaire, et c'est tout.

C'est à la fois flou et impeccablement net.

Cependant, entre ce dont je doute et ce dont j'ai l'impression d'être sûr, je ne sais plus ce qui est sensé.

J'en ai discuté avec des copains, il y en a qui l'ont entendu crier, moi pas.
D'autres me disent qu'il est tombé dans la seconde,
moi je le vois se lever et se tenir la poitrine en me disant : "J'ai mal." J'ai l'impression que c'est exactement ce qui s'est passé et je suis de bonne foi, mais j'entends d'autres témoignages

qui sont aussi de bonne foi.
Alors ?

En fait, je pense que chacun a plus ressenti que vu. »

Jean-Luc Saint-Sernin, pilier droit du RC XV.

Aujourd'hui, si je parle d'un « trou noir » c'est simplement pour user d'une formule car mes neurones semblent avoir perdu la trace de cet instant. Je ne sais pas si j'ai été K.-O. ou pas, et si oui combien de temps. Toujours est-il que quand j'émerge – je veux dire : quand le souvenir de la situation me revient et que je suis en mesure de reconstituer le fil de ce qui s'est passé – je comprends bien que j'ai pris un grand coup de pâté.

Le ciel. La première image qui s'imprime dans ma rétine c'est un ciel bleu, à peine pommelé de petits stratus bien denses comme on les fait en hiver. Le match. Je m'en souviens clairement, ma première pensée va au match. Je suis sonné, c'est sûr, mais je ne vais pas me laisser faire par un coup de boule, il y a une partie à finir malgré cette drôle de douleur à la fois brûlante et cotonneuse qui m'enveloppe. J'ai du mal à me lever et le sentiment que mes jambes sont en vrac, ou peut-être mes épaules. À la façon dont je vois la lumière s'éteindre pas tout à fait puis revenir, un peu comme si le soleil était branché sur un modulateur de puissance, je comprends quand même que je suis encore un peu dans le coaltar.

« L'herbe me mord, le vent me glace, je comprends que c'est grave.

Je vais me reposer, souffler, et puis on va la refaire, cette mêlée. Je suis sur le dos et surgissent soudain dans mon champ de vision deux mecs penchés sur moi. Je suis enfin assez clair pour pouvoir dire qu'ils ne sont pas de l'équipe. Ils me parlent et je les comprends, c'est que je vais mieux. « On vous a entendu crier, et pourtant on était à quatre terrains de là », me dit l'un. Mais de quoi il se mêle, qu'est-ce qu'il fait là celui-là ? Je ne le connais même pas. Qu'on en finisse, j'ai un match à jouer !

Faites venir Didier le soigneur et sa bombe miracle, la « bombe à froid », qui ne soigne rien en vérité, mais qui met de la glace sur la peau et remplace une douleur par la distraction thermique d'une bouffée de gel. Il connaît les gestes qui consolent et les mots qui fouettent les muscles. On va repartir. Mais j'ai quand même mal encore, de la peine à respirer, surtout cette sensation bizarre, vraiment très bizarre, de m'enfoncer dans le sol. Il faut vraiment que je fasse entrer de l'air dans mes poumons, de l'oxygène dans mon sang. L'oxygène réchauffe et détend. Je connais par cœur les techniques : abdominale, thoracique ; détente du diaphragme, respiration profonde.

J'essaie tout sans pour autant obtenir de résultat.

INFERNAL CHAOS...

« J'étais sur le bord de touche. Je l'ai entendu crier. Rien qu'à la façon dont les mecs se sont écartés de la mêlée, j'ai compris dans la seconde qu'il venait de se produire un truc pas ordinaire. J'ai couru jusqu'au point d'impact et je me suis penché sur lui en faisant gaffe parce que j'avais peur de le toucher. Je ne savais pas encore ce qui s'était produit, mais j'en avais comme un pressentiment. Ses premières paroles ont été pour me dire qu'il ne sentait plus ni ses jambes ni ses bras.

J'ai vécu le chaos. Tout n'a été ensuite qu'un infernal chaos. C'était d'autant plus terrible qu'il y avait sur le terrain un silence épais, morbide. Le temps a été long, très long. Je lui tenais la main, c'est tout ce que je pouvais faire. On était dans l'impuissance et on sentait en même temps que chaque instant comptait.

Je me souviens qu'il était conscient. Il m'a demandé d'avertir sa sœur et il m'a donné des consignes assez précises pour que je puisse trouver son téléphone portable dans ses affaires. Tout ça pour dire qu'il était resté clair, même si je le sentais lutter très fort. À part ce détail, je ne sais plus trop ce que j'ai fait, parce qu'en plus j'avais tous mes gars anéantis.
Je me souviens parfaitement en revanche qu'après discussion ils ont voulu reprendre la partie. Ils ont fait un match magnifique.
Mais cela n'a pas été d'une grande consolation. »

Thierry Boyer, entraîneur des avants du RC XV.

Je ne comprends rien à tout ce stress que je ressens autour de moi, et puis j'entends la voix de Jean-Charles, l'arrière. Tiens, qu'est-ce qu'il fout là lui aussi ?

J'essaie de le voir, mais mes yeux n'arrivent pas jusqu'à lui. Je comprends soudain que je n'arrive plus à bouger la tête et, précisément, il me dit qu'il me la bloque. Ce doit être ça. Dans le même temps, je perçois des voix plus fortes mais aussi plus lointaines, celle de Thierry, l'entraîneur : « Allez les gars, on recule ! » Il fait reculer qui ? J'y crois pas, tous les mecs sont là, assis sur moi, j'en suis sûr.

Sinon, quelle est cette force qui me cloue ?

J'ai le pack sur ma cage thoracique. Sa masse m'enfonce dans le sol. L'herbe froide me pique. Soyez sympas, les gars, levez-vous. Je voudrais le leur dire, mais je suis en apnée. Les regarder dans les yeux pour leur faire comprendre que c'est du sérieux. Mais je ne peux pas les voir en face. Je ne peux pas bouger la tête.

Ah oui, Jean-Charles m'a dit qu'il la tenait.

Ce doit être ça. Ils s'éternisent là, assis sur mon ventre, sur mes poumons, ils m'étouffent. Pourtant Thierry leur a dit de reculer.

C'est vraiment pas clair, cette histoire.

Maintenir sans affect...

« Je joue à l'arrière et j'étais donc un peu en retrait, mais comme pas mal de monde sur le terrain j'ai vite compris que Tony avait une blessure pas ordinaire. Il a crié très fort. J'ai vu les avants s'écarter et Thierry, l'entraîneur, foncer sur le terrain avec un air un peu paniqué, et j'ai compris que ma présence pourrait être utile.

J'étais à l'époque pompier bénévole et je me préparais à devenir professionnel de la sécurité. Par chance, j'étais donc déjà formé à un bon niveau en matière d'assistance aux blessés. Comme la plupart des personnes qui se penchaient sur Tony, j'ai compris assez rapidement que c'était très grave, d'autant qu'il disait lui-même qu'il ne sentait plus ses jambes.

Tout de suite, je lui ai immobilisé la nuque. Je savais déjà que dans ce genre de blessure le plus important n'est pas la cassure – s'il y en a une –, mais de maintenir le blessé en l'état pour, surtout, ne pas aggraver la situation.

Je connaissais les gestes d'immobilisation.

Quand c'est un blessé "anonyme", c'est peut-être plus facile. Quand c'est un copain, on aimerait faire plus mais, en tant que secouriste, il est impératif de s'en tenir à ce qu'on doit : on n'est pas là pour réparer, on est là pour stopper les dégâts.

J'ai veillé à rester pro. La meilleure des choses que je pouvais apporter en tant qu'ami, c'était d'être au top en tant que secouriste.

Il fallait laisser mes affects de côté pour me concentrer sur ma pratique, et être bon. »

Jean-Charles Ixart, arrière du RC XV.

Je ne vois qu'un carré de ciel et des ombres qui passent en éclipsant le soleil doré de ce dimanche d'hiver. L'herbe. Dans mon cou, l'herbe me démange, j'ai la sensation qu'elle m'inflige autant de morsures qu'il y a de brins sur la pelouse. Et ce vent, ce vent qui me glace. Les yeux au ciel, mon village au pied du Cagire, les senteurs vives et fleuries des prairies d'avril, l'odeur sèche et sucrée des coupes alanguies du regain de juillet. J'ai toujours aimé l'herbe et le vent aussi, qui court sur la neige et passe entre les dents des futaies, les moires inclinées de l'herbe dans son souffle comme autant de frissons qui bercent les moraines.

Mais aujourd'hui l'herbe et le vent me font mal. Pourquoi l'envie me prend d'arracher cette pelouse et de trouver un abri loin de cette haleine douloureuse qui balaie le terrain ? Pourquoi Jean-Charles ne dit plus rien ? Juste ces deux mecs que je ne connais pas, pas foutus de faire des phrases, je n'entends que des mots. Ils transpirent. Ils ont peur. De quoi ? Je perds de vue mon carré de ciel bleu, mon village au pied du Cagire qui sentait bon les foins et mes premiers ballons. Et Didier, là derrière. Ça chuchote, ils ne sont donc plus sur moi, mais je persiste à m'enfoncer dans le terrain.

J'ai entendu « pompiers ».

De temps à autre, je reviens. Je retrouve parfois mon carré de ciel bleu. Bien loin de mon enfance, je suis là, sous le maillot du RC XV, et je crois que je commence à comprendre, ce qui ne m'aide pas forcément à respirer.

Je suis sur le mode alternatif de l'éclipse et je parviens enfin à voir Thierry qui se penche sur moi. C'est très net. Je me souviens lui avoir dit de façon impeccable et précise où trouver mon téléphone portable – « dans la poche portefeuille gauche de mon manteau » –, et d'avertir Céline, ma sœur. De l'avoir choisie, elle, parce que je pensais que son filtre permettrait de temporiser l'annonce qui, immanquablement, serait tôt ou tard faite à mes parents. À voir les gars qui maintenant tourbillonnent, avec leurs grosses bottes, leur pull bleu marine à liseré rouge, je confirme : j'ai bien entendu « pompiers ».

Je sais que c'est grave, parce que peu après leur arrivée j'ai entendu « Samu ».

Toujours autour de moi ces gestes compassés, ces regards qui s'efforcent de se poser en professionnels, mais au fond desquels je sens bien de l'embarras. Je ne sais pas dans quel état je suis, mais j'ai deviné depuis longtemps qu'on a dépassé le stade de l'hématome ou de la luxation de routine. Voire de la fracture. J'avais déjà laissé deux ou trois nez sur le terrain, à chaque fois j'avais attendu la troisième mi-temps pour filer à l'hôpital faire faire une radio, ne jugeant pas utile de quitter le terrain pour ça. Jamais non plus je n'avais jugé opportun d'avertir mes coéquipiers.

Mais en ce 7 février 2010, je me souviens très bien avoir crié. Fort. Pour la première fois j'ai beuglé, ce qui me fait dire aujourd'hui que j'ai compris à la première seconde mais que j'ai retardé l'instant où j'ai accepté d'y croire. À quoi exactement, je ne sais pas. C'était grave, j'en ai eu la conviction immédiate.

Au loin, les trois tons d'une ambulance. J'ai bien entendu « Samu ».

Je ne respire toujours pas et je m'enfonce toujours plus dans le sol. Plus que la fébrilité ambiante, je perçois maintenant le silence. Personne ne parle plus autour de moi. Les pompiers ont fini de souffler un peu trop fort, ce sont maintenant deux hommes et une femme en blanc qui se questionnent du regard. L'un me perfuse, l'autre me parle, le troisième file à la voiture. Non, je n'ai pas mal. Enfin… l'herbe dans le cou me taillade et le vent me mord jusqu'au fond de l'âme, mais « ça va ». C'est tout ce que j'ai à répondre quand apparaît mon carré de ciel bleu dans l'éclipse du visage de la jeune femme blonde qui semble avoir pris les choses en main.

Et puis je pars vers la montagne, je vois notre chalet, Juzet et le terrain « omni-tout » (foot-rugby-course à pied-parking visiteurs-départ randonnée-feu de la Saint-Jean) en bordure de la route, des enfants courent, je suis l'un d'eux, je voudrais respirer, on appelle du monde, trop de monde, « attention, on le soulève », Jean-Charles me tient encore la nuque, « attention, on le pose », doucement, je ne sens plus l'herbe mais une toile qui m'enserre des épaules jusqu'aux joues. Ce ne sont plus les mains de Jean-Charles. Les enfants crient dans le pré mais je ne les entends pas, je perds la trace de mon carré de ciel bleu dans le crépuscule qui avance, le soleil maintenant orangé, Thierry a dû appeler Céline, je veux respirer.

J'ai entendu « hélicoptère ».

Et puis j'ai entendu l'hélicoptère.

Trembler les mots...

« Tony et moi nous étions vraiment complices, et nous le sommes restés. Dès que Tony mettait les crampons, que ce soit pour l'entraînement ou pour un match, il était d'une rigueur sans faille. C'est d'abord ce que j'ai apprécié chez lui ; il ne buvait pas, il ne fumait pas, il s'était fixé des règles de préparation strictes. C'était un des rares, parmi les avants, à aller à la salle de sport plusieurs fois par semaine.

Quand on joue devant, surtout en première ligne, il faut être exigeant à la fois pour soi et pour ses partenaires, car la mêlée c'est à la fois très physique et très technique. Même si ça ne dure qu'une minute il y a une forte dépense d'énergie musculaire et aussi "sensitive", car on ne voit pas tout ; la tête est coincée, il n'y a que les yeux qui bougent, on se sert alors de son corps pour "deviner" le bloc, c'est très important. Le talonneur et les deux piliers doivent être unis pour éviter que le choc de la charge adverse se porte plus sur l'un que sur l'autre, et ensuite il faut faire appel à son expérience et à son intuition pour comprendre ce qui se passe.

Je n'avais jamais entendu Tony crier à cause d'un impact, mais c'est surtout sa façon de tomber qui m'a inquiété, comme s'il était inerte. Je me suis penché sur lui et je lui ai enlevé son protège-dents. Je lui ai parlé, il a essayé de me répondre mais il balbutiait, sa bouche tremblait les mots et je ne comprenais rien.

Là, j'ai su que c'était grave.

Jean-Charles, notre arrière, était pompier volontaire et lui aussi avait évidemment entendu le cri ; il est arrivé aussitôt auprès de Tony pour lui tenir la tête. Il était là avant le soigneur qui lui aussi a déboulé à fond. Je crois qu'en entendant le cri qu'il a poussé, tout le monde a été tétanisé et a compris que la blessure n'était pas anodine. D'ailleurs les joueurs se sont retirés, ce qu'on ne fait en principe jamais : sur un coup un peu dur on a tendance à rester près du copain pour le soutenir.

L'attente a commencé. Le malaise aussi, parce que quelqu'un a d'abord appelé les pompiers. Bon, ça arrive. Disons que ce n'est pas trop anxiogène, on peut gérer. Mais les pompiers ont ensuite appelé le Samu, et là ça fait mal. On commence à trouver le temps long et on apprend que le toubib du Samu a demandé l'hélico. Là, on encaisse. C'est très douloureux parce qu'on comprend que quelque chose de grave est en train de se jouer et qu'on reste impuissant. Je me souviens, j'avais la rage. »

Julien « Baloo » Dangles, pilier gauche du RC XV.

IL Y A PIRE BISONS...

« Des mêlées dures, on en a connu des dizaines contre des équipes qui alignaient des packs entiers de bisons. On ne s'est jamais dégonflés. Même si on a souffert parfois, on s'en est sortis. Mais là, contre Labarthe, on était au même niveau et cette mêlée était loin d'être la pire...

J'ai compris que c'était grave quand il a dit : "Je ne sens plus mes jambes." Enfin, dans mon souvenir il a dit ça. Je vois aussi Jean-Charles, l'arrière, qui a traversé le terrain pour lui tenir la tête, je pense qu'il a dû comprendre plus vite que tout le monde. Pour moi, le choc est venu quand j'ai vu l'entraîneur pleurer, et d'ailleurs on a tous pleuré.

Je ne sais plus dans quel ordre je dois mettre les images que je garde de ce moment.

Je me souviens aussi qu'on a mis tous les joueurs à l'écart, qu'on s'est posé la question de savoir s'il fallait continuer ou arrêter le match et qu'on a trottiné pour ne pas se refroidir pendant que le Samu était sur lui. Finalement, on a décidé de reprendre la partie et de la gagner, comme pour lui rendre hommage. Ce qu'on a fait, d'ailleurs. »

Jean-Luc Saint-Sernin, pilier droit du RC XV.

UN ENFANT HEUREUX

Mon état civil indique que j'ai vu le jour à Toulouse. En 1985. Mais c'est dans les Pyrénées que je suis venu à la vie, à Juzet-d'Izaut. Ce village de deux cents habitants est à la fois le berceau de ma famille et l'endroit où je me suis ouvert au monde. C'est littéralement mon pays natal.

Blotti au pied du Cagire, une montagne solennelle vue d'en bas, qui trône et rayonne sur le pays de Thou et la vallée du Ger, Juzet-d'Izaut a d'abord accueilli mon grand-père. Fernand Moggio, un fier Rital, pauvre comme il se doit, a débarqué en France au début des années 1950 et a posé ses valises aux pieds d'une Commingeoise, fière comme il se doit. Marinette. Mamie Marinette.

“ Une famille où l'on apprend à mériter avant de posséder.

Fernand avait deux mains, qu'il n'a jamais mises dans ses poches. Marinette, un tempérament qu'elle a fait valoir au service d'une famille qui a grandi et grandi encore, dans une maisonnette où il n'y avait que trois pièces. Et huit enfants. Des garçons. Aujourd'hui, je pense qu'il a dû falloir à mes grands-parents un sacré courage ou plus exactement une détermination très honorable pour nourrir et élever cette équipe, dont mon père est le numéro deux dans l'ordre d'arrivée.

Après avoir perdu un poumon en Indochine au service de la France, Fernand bossait à la DDE[1] pendant la journée, et pendant la journée encore il faisait un considérable potager, de l'élevage de volailles, de la coupe de bois et des économies avec lesquelles il a acheté quelques terres, puis d'autres encore, des moutons, d'autres moutons, et s'est reconverti petit à petit dans l'agriculture. Après avoir fait de la masure une maison, il en a fait une ferme.

Mamie Marinette, elle, était aux fourneaux et à l'entretien général de la tripotée qu'il fallait aussi vêtir, amener à l'école, surveiller… et surtout veiller tout court à ce qu'il n'y ait pas d'écarts de conduite. Elle savait que dans un village de deux cents habitants les réputations vont vite et qu'elles doivent bien souvent davantage à la rumeur qu'à la vérité. De fait, l'inconscient collectif d'une communauté villageoise est un paramètre impalpable qu'il faut aussi gérer quand on est « étranger ».

Par ailleurs j'ai aussi un pied dans la mer, à Béziers. D'autres Italiens là encore, les Aprile. Dolly et Geovambattista, qui eux non plus n'ont pas pris la France pour une villégiature. Débarqué de Tunisie par on ne sait quels chemins, Geovambattista avait endossé très tôt l'uniforme des Chemins de fer français et savait également se servir de ses bras sans regarder la montre. Lui aussi a « servi la France », en Algérie, dont il a ramené quelques cauchemars. Avec Dolly, ils ont eu huit enfants, autant de garçons que de filles, dont ma mère, Dominique.

Les Aprile avaient eux aussi bien sûr le statut d'émigrés dans une ville chargée d'histoire, et des préoccupations identiques à celles des Moggio. La même fortune aussi : un réveil qui sonnait tôt le matin.

---

1. Un service public aujourd'hui dissous, chargé d'entretenir les infrastructures appartenant à l'État (routes, ponts…).

On retrouve chez les uns et les autres la même certitude. Une espèce d'axiome selon lequel on admet que rien n'est acquis, certes, mais que rien non plus n'est inaccessible pourvu qu'on s'en donne la peine.

Le postulat de ma famille repose moins sur sa condition que sur ce qu'on en fait. Il est plus que probable que mes grands-parents ont dû oublier de manger certaines fins de mois. Je suis également certain que la liste des postes qu'ils associaient aux dépenses superflues dépasse largement celle que je pourrais établir aujourd'hui pour mon propre compte.

Ils m'ont transmis, par mes parents, la certitude que l'essentiel vient de la qualité du regard que l'on porte sur la vie et que l'on accorde à ceux que l'on aime. La mémoire que j'ai d'eux me conforte dans la certitude qu'un enfant s'épanouit plus sûrement dans les yeux des siens que dans la marque des vêtements qu'on va lui offrir.

Non, je ne viens pas du quart-monde, je n'ai pas non plus le gène de l'homme qui pourrait faire pleurer des cailloux en racontant le long hiver de l'immigration. Mon histoire n'est pas liée à la condition sociale de ma généalogie, mais plus sûrement à son humanité. À sa fragilité transcendée par l'idée que la vie se fait au jour le jour et que chaque jour ouvre à chacun la porte du possible, qu'il faut savoir saisir sa chance même si c'est un drôle de mot car il n'y a pas de « chance », juste une volonté que l'on doit aller chercher au fond de soi pour qu'elle s'exprime en fonction de ses propres choix et dans le respect de tous.

Avant toute chose, je viens d'une famille bienveillante et attentive. Une famille où l'on apprend à mériter avant de posséder, où les enfants sont regardés pour ce qu'ils sont et non pas comme les voisins voudraient qu'ils soient.

Cette règle se contient toutefois dans un cadre. Si chacun a le droit, et même le devoir, de construire sa personnalité, cette élaboration se fait dans la stricte adhésion à la règle commune, qu'elle soit familiale ou sociale. C'est l'autre héritage de l'immigration telle que l'ont vécue les Aprile et les Moggio : tu as tous les droits quand tu respectes tes devoirs.

Mon père, comme son beau-père, travaillait à la SNCF. Ma mère était surveillante dans un établissement scolaire privé. Avec ma sœur Céline, de quatre ans mon aînée, nous vivions à Toulouse dans un quartier HLM que l'on dit « sensible », Bellefontaine, au Mirail, que nous fréquentions peu. Les raisons étaient doubles et simples à la fois.

D'une part, ma mère travaillant dans un établissement qui dispensait des enseignements de la maternelle à la terminale, pour des raisons d'horaires et de commodité il était apparu assez évident à mes parents de nous y inscrire. D'autre part, ils ne souhaitaient pas nous laisser seuls dans l'appartement, voire dans le quartier. Non qu'ils soient hostiles au climat qui y régnait, mais il était clair pour nous que la vie était ailleurs, à Juzet notamment, où nous allions quasiment tous les week-ends.

La seule sortie que je faisais dans le quartier consistait à me rendre au club de judo de l'Association sportive Toulouse-Mirail (ASTM) dirigé par André Barthélemy. Je l'ai longtemps ignoré mais ce club, plus familièrement appelé « le Dojo de Barth' », était l'un des plus craints sur les tatamis régionaux. Non pas tant parce qu'il rassemblait des gamins de toutes les couleurs tombés des tours HLM, mais parce que Barth' était un grand sportif et, surtout, un pédagogue qui s'ignorait. Sa seule doctrine, c'était le sport.

Le judo, donc, dont il avait fait une espèce d'ascèse hédoniste, où se mêlaient à la fois la rigueur d'un exercice exigeant et la joie d'un jeu auquel les gamins se livraient pour se détendre, ou plus exactement pour se désénerver. Par le sport dont il était habité, il savait refermer avec talent sur des gosses souvent mal grandis le piège d'un bonheur réconfortant qu'ils ne connaissaient pas chez eux. Il les sortait de la rue sans le savoir, ou en faisant semblant de l'ignorer, et ce avec des méthodes paradoxales pour un quartier où les gamins de mon âge avaient tendance à pousser comme des herbes folles. Ceux qui entraient chez lui adhéraient à tout ce qu'ils transgressaient dehors : la règle, la discipline, la maîtrise de la force, le respect de l'autorité et la considération de l'adversaire.

Bien qu'empirique, sa méthode s'est révélée payante. Même si personne, pas même lui, ne connaît le chiffre, il est certain qu'il a évité à bon nombre de gamins de passer du mauvais côté de la force. Car s'il est évident que nous faisions des efforts pour être dignes de son regard, je sais avec le recul que la bravoure que nous cherchions pour lui plaire était en fait celle que nous avions déjà en nous et qu'il savait habilement solliciter. Il se foutait pas mal de nous voir grimper les ceintures ; il s'attachait surtout à regarder la *manière* avec laquelle on s'appliquait à gagner, et surtout *comment* on acceptait la défaite.

En ce qui me concerne, je retrouvais au dojo des copains qui n'étaient pas avec moi à l'école, et que je croisais encore moins dans la rue. J'étais un peu à part ou, pour le moins, je me sentais différent, intimidé par le groupe. Cependant, grâce ou à cause de ce sentiment, j'avais décidé d'être le meilleur sur le tatami.

Vingt fois je refaisais les gestes que Barth' nous demandait de faire dix fois. J'ai vite compris que mon corps avait une mémoire indépendante de la réflexion, qui savait surgir dans les moments les plus désespérés du combat. Que la puissance est différente de la force, en ce sens qu'elle ne provient pas du seul travail du muscle mais tient beaucoup à l'esprit qui la dirige.

Je n'avais pas les « codes » de la cité. Dans les vestiaires, dans le bus, je n'étais pas le chauffeur de salle mais, paradoxalement, je suis devenu une « mascotte » du club. D'abord, parce que j'ai eu mes ceintures très vite, jusqu'à atteindre la noire à même pas quinze ans ; ensuite, quand il y avait une compétition j'y allais pour gagner. S'il est présomptueux de dire que je ramenais toujours la coupe, je peux en revanche affirmer sans forfanterie que rares étaient les fois où je ne grimpais pas sur le podium. Enfin, et c'était là pour moi le point essentiel, j'ai assez rapidement constaté que j'avais toute la considération de Barth', ce qui, avec mon palmarès, me conférait une aura particulière auprès de mes copains de kimono.

Toujours « à fond », mais la gnaque calculée, au bon endroit au bon moment. C'est en substance ce qu'il m'a dit un jour : il se moquait pas mal de mes médailles. Il était moins attentif aux breloques qu'aux chemins qu'on prend pour aller les chercher. Il me parlait. Je devais être un peu trop jeune, un peu trop naze pour tout comprendre sans doute, mais il me « voulait » pour les championnats de France.

Il souhaitait me préparer pour enfiler un jour le kimono bleu de l'équipe nationale. Pour cela, il s'adressait à moi avec des vrais mots, je veux dire des mots d'adulte que l'on propose à ceux en qui on croit ; j'apprenais « rigueur », « discipline personnelle », « sacrifice », « temps », et je comprenais confusément qu'il voulait me faire entrer dans un univers qui s'interdit le hasard et l'insouciance. Tu parles, j'avais quinze ans et je n'ai sans doute pas tout saisi – quinze ans, j'avais la tête ailleurs.

De plus, cette période a coïncidé avec un déménagement de la famille à Castelginest, un village de la banlieue toulousaine, qui mettait le dojo à plus de quarante minutes d'embouteillages de mon nouveau « chez nous ».

Au début, tant mon père que Barth' faisaient les allers-retours pour me véhiculer… mais la contrainte était assez lourde pour l'un comme pour l'autre et elle s'ajoutait à une forme de désinvolture qui me gagnait. J'ai lâché le truc. Je ne m'en réjouis pas, je ne le regrette pas non plus.

Ça s'est fait, c'est tout.

J'ai été ado comme j'avais été lardon : la bougeotte, l'envie de tout voir, tout faire. Tout étreindre. Ma vie s'est transportée vers Juzet. Ses week-ends, ses vacances et le groupe soudé que nous formions avec les cousin(e)s de mon âge, auquel s'étaient agrégés d'autres « jeunes » du village et d'autres villages aussi.

L'été, le QG se trouvait à deux serviettes de la buvette de la piscine d'Aspet, le chef-lieu du canton ; l'hiver au Bar du Cagire, à Aspet encore. Au menu des conclaves que nous tenions : les fêtes. Bals l'été, boîtes l'hiver. Les copains et les filles en toute saison. On s'y rendait à deux-roues, en stop, à pied. On y arrivait toujours à temps parce que, précisément, il n'existait plus.

Enfin, c'est une formule parce que, si nous étions libres le soir, il y avait chez les Moggio une espèce d'« effet Cendrillon » auquel devait se soumettre le quarteron d'ados que nous étions. De dix à quinze bouches tous les jours à table, ça crée des obligations. En outre, la vie de la ferme se foutait pas mal de nos virées. Il fallait nourrir les bêtes et les gens, s'occuper du jardin et des terres, faire les courses et préparer les repas, sans négliger l'entretien de la maison qui au fil du temps s'agrandissait avec des tuiles, des briques, du béton… et surtout les bras de tout le monde. Après une nuit blanche, le carrosse ressemblait assez souvent à une brouette, mais c'était la contrepartie. Encore une fois : la liberté de chacun dans le respect de tous.

Ma vie était là. C'est très précisément en cet endroit et à cette époque que je l'ai sentie pleinement palpiter. Nourri à la sève de l'herbe, au ciel pur, à l'amitié. À la vie des champs, des bois, des villages et des rencontres. Je m'en suis gorgé. Oui, j'ai été un enfant heureux, et je suis sûr que c'est un bon départ pour une vie d'homme.

Je n'oublie pas non plus que cette *dolce vita* se déclinait aussi chez les Aprile, à Béziers, où nous ne manquions jamais d'aller au moins pour les vacances et plusieurs week-ends dans l'année.

Là encore, la famille « à l'italienne » déclinait son protocole : les enfants étaient rois quand ils étaient entre eux ; sous la tutelle des adultes ils redevenaient les fils et filles de, ce qui changeait la donne et imposait d'autres exigences dont, là encore, la participation aux tâches collectives n'était pas la moindre.

À Béziers la mer n'était pas loin et, pêche, baignade ou bronzage, nous profitions pleinement de ce qu'une vie sur le littoral peut offrir à des gamins en goguette. Cependant, si je trouvais un vrai bonheur auprès de mes oncles, tantes, cousins et cousines, Béziers est une ville modeste, certes, mais déjà suffisamment grande pour vivre sur un mode urbain que je cherchais à fuir tout au long de l'année. Ma géographie intime m'amenait déjà à préférer le grand air de la montagne, le vert des forêts et la vie des champs rythmée par les saisons et les exigences du troupeau.

Vivre avec le sentiment d'avoir trouvé sa place, sa juste place, ne serait-ce qu'un moment dans sa vie, c'est sans doute le plus solide des socles pour attaquer le reste. Si je vivais mon adolescence pleine de plaisirs et d'insouciance, je n'en négligeais pas pour autant les impératifs de la vraie vie qui m'attendait à Toulouse.

D'abord, les études. Même s'il m'en a été donné la possibilité, j'ai refusé la perspective de poursuivre un cursus que l'on dit « général ». Le bac ? Pour quoi faire ? Je n'en avais aucune idée.

Je désirais apprendre quelque chose qui me paraisse « utile », je veux dire à la fois concret et porteur d'une finalité identifiable. Un métier ou une pratique. C'est ainsi que, pas mauvais en maths et pas trop empoté de mes mains, j'ai choisi une voie où se mêlaient mécanique et électronique en me disant que cela constituerait une bonne base au cas où, parce qu'au fond de moi je savais que je n'utiliserais jamais mon diplôme.

J'ai entrepris mon BEP comme le reste : avec le souci de l'excellence. Je suis sorti premier de ma section, mais sans projet pour autant.

Dans le même temps, il était hors de propos pour moi de vivre sans faire de sport. J'ai cherché une activité, sans savoir trop laquelle, dans la proximité de notre nouvelle adresse. Alors, par goût de l'effort et de la discipline dans doute que je me suis inscrit dans un club de karaté… où j'ai découvert la boxe ! J'ai pratiqué le temps des deux années scolaires qu'a duré mon BEP. Diplôme en poche, je n'avais pas dix-huit ans et je trouvais qu'il était encore un peu tôt pour se lancer dans la vie professionnelle.

Sans trop savoir ce qui m'attendait vraiment, j'ai passé un concours pour entrer dans l'armée. Non pas tant pour devenir un Rambo professionnel que dans l'optique de faire une sorte de service militaire rien qu'à moi, de grandir un peu et de décaler l'entrée dans la vie d'adulte.

C'est ainsi que je me suis retrouvé à Brive, au 126e régiment d'infanterie. Service militaire ? T'as qu'à croire : huit mois de « classes ». Les quatre premiers sont faits pour te briser les pattes : parcours divers et variés, avec obstacles ou sans, mais avec trente bornes à la clé, un sac de vingt kilos sur le dos, le jour, la nuit, dans les bois, sur les rochers, dans l'eau jusqu'au menton, avec le gel, la neige, la pluie ou, pire, en pleine canicule. Ne pas se changer, manger quelques biscuits, dormir deux heures, repartir. Manier des armes de tout poil, des longues, des courtes, des lourdes. Perdre vingt kilos et n'être pas sûr de mériter le béret parce que le 126e RI est un régiment d'élite, dit « de première ligne », ce que je ne savais pas en entrant mais que j'ai rapidement découvert. Admis à porter l'insigne du bataillon au terme de cet épisode, j'ai suivi une formation spéciale de « tireur de précision ».

En foi de quoi, huit mois après mon arrivée j'embarquais pour ma première « opex » – entendez : opération extérieure. En clair : la guerre. Côte d'Ivoire, opération Licorne. J'y suis retourné à plusieurs reprises, ainsi que sur d'autres terrains d'action pour des missions qui doivent rester confidentielles. C'est la règle.

J'avais à peine un peu plus de dix-huit ans, j'aurais pu voir plusieurs pays mais je n'ai retenu qu'un paysage : à chaque fois des hommes, des femmes et des enfants qui fuient la mort, emportant avec eux la misère sous la forme d'un baluchon, marchant sur des routes sans destination, tournant le dos à un passé abandonné en quelques minutes. La faim, la soif, la précarité à chaque instant pour les besoins les plus élémentaires, mais une envie de vivre jamais démentie et, toujours, le regard des enfants sur leur mère quand elle était là, et quand elle n'y était plus ils semblaient toujours questionner le monde du fond d'une sidération déjà inépuisable.

Nous avions pour mission de « protéger » ces pathétiques cortèges déjà décimés, cohortes de veuves et d'orphelins en partance vers un avenir qui, dans la plupart des cas, n'en méritait pas le nom. Nous le savions, mais c'était le job. On s'assurait qu'il n'y ait pas sur leur route des bandes « hostiles » embusquées, et pour ce faire nous progressions en binômes selon un protocole rodé au fil des ans et des terrains d'affrontement. Un devant et l'autre à quelques mètres derrière, en léger décalage.

Ce matin-là, nul ne saura jamais pourquoi mon partenaire qui d'habitude me couvrait a voulu passer devant. La balle a été pour lui. Il est mort quasiment sur le coup. Nous étions en 2004, je n'avais pas encore vingt ans, j'ai compris que ma vie venait de basculer. Peu de temps après, j'ai demandé ma « feuille blanche ». J'ai quitté l'armée.

Trois ans de ma vie. Je me suis longtemps demandé pourquoi je m'étais engagé. Je n'ai toujours pas de réponses certaines à apporter à ce questionnement. Parmi les plus probables, je pense qu'au sortir de l'adolescence, sans savoir comment prendre place dans une vie adulte que je jugeais prématurée, j'ai voulu faire une transition entre le monde clos et protégé de ma famille et ce qui m'attendait au dehors. Peut-être l'armée m'est-elle apparue comme une sorte de sas, un endroit où je pourrais affronter la vie hors du cocon de l'enfance tout en restant inclus dans un groupe structurant. Peut-être.

LE TAUREAU ET LA MORPHINE

Je ne garde aucun souvenir de mon premier voyage en hélicoptère civil. Je sais qu'on m'a hissé dans l'appareil, cintré dans une coque, perfusé, ventilé, et vraisemblablement bien sonné par une charge de morphine. Il m'est impossible de me rappeler ce moment de façon linéaire. Je n'en possède aujourd'hui que des séquences, comme autant d'éclipses de conscience.

« De trou noir en trou noir, bardé de tuyaux.

En revanche, je me souviens parfaitement de l'obsession douloureuse du moment : respirer, je voulais respirer, mais j'avais toujours l'impression d'avoir embarqué l'équipe entière sur ma cage thoracique.

UNE SERVIETTE SUR LA TÊTE...

« J'ai été longue à comprendre. D'abord j'ai pensé à une blague, même si je la trouvais de mauvais goût, mais une blague. Puis, même si c'était son numéro qui s'affichait sur l'écran de mon portable, j'ai soudain saisi que ce n'était pas Tony qui parlait.

C'est moi qui, à l'extérieur du stade, ai reçu le coup de téléphone annonçant la blessure de Tony. J'avais son entraîneur, Thierry Boyer, en ligne. Il avait l'air affolé. J'ai longtemps pensé qu'il s'expliquait mal, mais à bien y réfléchir je crois que je ne voulais pas comprendre. Mais quand il a dit "hélicoptère" j'ai chaviré complètement. Pour moi, "hélicoptère" c'était un summum, à lui seul le mot me faisait peur et je le tenais à l'écart de ma sphère. Je suis entrée en panique et je crois que j'ai crié.

Je m'en souviens, je sortais de la douche, j'avais enfilé mon peignoir et je portais une serviette nouée autour des cheveux. Je sais, ce sont des détails un peu ridicules, mais j'ai encore ces images en tête.

À partir de cet instant j'entre comme dans un brouillard de mémoire. Étant la seule dépositaire de la nouvelle, il a fallu que j'avertisse Marie et mes parents. Je ne sais pas comment je m'y suis prise, parce que j'étais effondrée et en plus je savais que j'allais les blesser. »

Céline Moggio, la sœur de Tony.

J'ai la nuque coincée comme dans un joug et le reste du corps comprimé dans un étau qu'on gonfle avec mille précautions pourtant, mais qui m'empoigne de façon inexorable. J'ai le sentiment que le tissu s'agrippe à mes chairs avec la volonté d'y pénétrer, mais je ne peux rien faire. Une momie douloureuse dans un sarcophage pneumatique.

Aidés par quelques joueurs, les pompiers et l'équipe du Samu parviennent à me déposer sans autres dégâts sur le plancher de l'appareil où m'attendent le toubib et l'infirmière. Parmi les bribes de souvenirs que j'emporte avec moi, j'entends crépiter les bravos venus des tribunes. Je sors sous les ovations, comme de l'arène ; mais là, c'est le taureau qu'on emporte pantelant et défait.

On salue sa bravoure, peut-être, mais les bouchers l'attendent.

J'aurais souhaité parler, demander un diagnostic, comprendre, mais rien ne sortait de ma bouche. J'avais l'impression de flotter dans une espèce de brouillard cotonneux et givré, parsemé de tessons de glace aux angles vifs qui me taillaient la nuque et les épaules. Ce n'était donc pas l'herbe qui tout à l'heure s'enfonçait en moi, ni le vent qui me gelait jusqu'à l'âme. Il devait y avoir autre chose mais j'étais dans l'impossibilité de savoir quoi, même si, dans les intervalles de conscience que me laissait la came qui tombait de la perfusion, je devinais bien que pour ce soir l'arnica ne suffirait pas. Mais plus que des réponses, je voulais maintenant de l'air. Respirer. J'ai fait mon premier arrêt cardiaque dans le ciel.

De trou noir en trou noir, sans que je puisse dire combien de temps a duré ce baptême de l'air, je me vois maintenant dans une salle sombre et silencieuse. Un homme à la voix douce se penche sur moi. Dans la pénombre, je distingue des silhouettes blanches qui glissent et s'affairent. L'homme me dit son nom, que je ne retiens pas. Il me parle d'opération mais il me demande d'attendre. Attendre encore alors que je ne respire toujours pas et que la masse des quinze molosses de la mêlée pèse encore de tout son poids et s'obstine à me refuser l'air qui me manque de façon obsédante.

Je gamberge. Je passe par tous les états. D'une certaine façon, je me sens soulagé parce que je sais que je suis parvenu à une étape ; mais en même temps de nouvelles portes viennent de s'ouvrir sur l'inconnu et je n'ai pas de réponse. Loin du terrain et de son ambiance fébrile, le calme qui règne ici, la lumière tamisée et la chaleur enveloppante m'apaisent, mais paradoxalement mes pensées se percutent et vont du meilleur au pire, sans que je dispose d'informations pour savoir ce qu'il est rationnel de retenir. Malgré l'état de confusion dans lequel je me trouve, je reprends peu à peu confiance. Je sais que je suis brisé, mais dans mon esprit il est clair qu'« ils » vont me réparer, même si je sais déjà que ce ne sera sans doute pas simple. Mais d'abord, je voudrais juste respirer un bon coup. On me l'a dit plus tard : avant de pouvoir engager l'opération, il a fallu attendre quatre heures de « repos » dans cette pièce où je planais, m'évanouissais, émergeais, suffoquais.

Il me reste quelques bribes de souvenirs de ces longues heures et la trace du début d'un deuxième malaise cardiaque dans mon dossier médical.

Des images de gens qui passent pour m'observer et glissent quelques mots de réconfort. Je pense que je recherche des visages familiers mais rien ne vient. Je suis à l'isolement, bardé de tuyaux et d'appareils d'observation divers qui épient tous mes organes et reportent chaque frémissement sur un écran. Dans ma tête, la mêlée passe et repasse en boucle, sans que je puisse toutefois dégager une cohérence de ce film qui s'enlise dans l'émolliente douceur de la morphine.

De ce cloaque mental et physique émerge cependant une certitude. J'ai la tête coincée dans une minerve, certes, je ne peux rien voir que le halo blanchâtre des néons en veille, cependant je fais des efforts pour bouger mes membres et je perçois déjà assez clairement que rien ne semble vouloir frémir.

Dans mes instants de lucidité, je comprends que quelque chose d'irréversible est en marche, voire s'est déjà produit.

Je ne suis pas vraiment médecin mais pas tout à fait ignare quand même, et je comprends que je suis prisonnier de mon corps, qu'il ne m'obéit plus. Je ne peux rien en faire. Je panique. La peur, une sourde peur m'envahit, en même temps qu'une petite voix me dit qu'après l'opération la vie reprendra comme avant.

Je me souviens aussi d'un trajet en brancard, un couloir gris, des tuyauteries apparentes qui semblent m'escorter tout au long d'un parcours scandé par des néons, encore, qui défilent avec une cadence sinistre. Des gens qui chuchotent. Une halte enfin devant ce qui semble être une porte d'ascenseur si j'en juge au bruit des portes qui s'ouvrent et se referment à intervalles réguliers.

Je vois les visages de mes parents penchés sur moi. Je comprends que je vais en salle d'opération. Je dors déjà.

Savoir intime...

« L'image qui me vient ensuite me renvoie à l'hôpital, où nous sommes arrivés, avec mes parents, alors que Tony était encore dans la coquille de contention, posé sur un brancard de la salle de déchocage où il devait faire en quelque sorte un palier avant qu'on puisse l'opérer. Je me rappelle l'avoir touché et il n'a pas eu de réaction. Je crois qu'à partir de cet instant j'ai compris ce qui lui arrivait. C'était un peu confus parce que bien sûr on se dit que ce n'est sans doute pas ça, qu'on se trompe. Qu'on n'est pas médecin et qu'il faut attendre. Mais en réalité, on espère déjà un miracle qui n'arrivera pas. On le sait, c'est intime. »

Céline Moggio, la sœur de Tony.

Triste vestiaire...

« Ensuite, il y a eu cette attente interminable de la fin de l'intervention chirurgicale. Il était plus de 23 heures et nous sommes revenus vers cet hôpital entouré de nuit. Les couloirs étaient vides et silencieux. En chuchotant, une infirmière nous a demandé d'attendre dans une pièce qui faisait tout au plus deux mètres sur deux. Une espèce de réduit sans fenêtre, sans chaise. Mon père, ma mère, mon mari et moi, à quatre là-dedans.

Puis trois médecins sont arrivés. Nous étions tous debout et ils n'y sont pas allés par quatre chemins : “Il a des cervicales brisées.

Il vivra, mais il ne remarchera jamais.” Les jambes de ma mère ont lâché, elle s'est effondrée. Je crois que, sur le coup, on ne se rend pas compte. On sait que c'est un désastre, mais en même temps ça paraît encore abstrait. Je me souviens ensuite que nous sommes rentrés à Castelginest, mon mari et moi, et nous nous sommes arrêtés au stade Buffebiau où toute l'équipe attendait dans les vestiaires. Il devait être 1 heure du matin, mais ils étaient là. Quand j'ai eu fini de raconter le peu qu'on savait, certains se sont mis à pleurer. C'était triste, très triste. »

Céline Moggio, la sœur de Tony.

Nausée collective...

« Le soir, on s'est retrouvés dans les locaux du club et on a attendu que sa sœur nous porte des nouvelles, comme il était convenu. On est restés cinq heures à ne rien faire, on osait à peine se regarder. C'était lourd, une ambiance de plomb.

Des gaillards taillés comme des montagnes qui pleuraient en silence pour ne pas gêner, et tous on se taisait en faisant semblant de bavarder. Dans ce sport, quand on est partis ensemble, on doit rentrer ensemble ; s'il en manque un c'est comme s'il manquait un bout à chacun. Parfois, cette sensation effrayante de nausée collective me remonte presque intacte, elle vient me reprendre n'importe quand. »

Thierry Boyer, entraîneur des avants du RC XV.

Lugubres couloirs...

« C'est Céline, notre fille, qui nous avait appelés plus tôt dans l'après-midi. Elle pleurait tellement qu'on n'avait pas tout compris, sinon l'essentiel : il était arrivé un accident à Tony. Quand nous avons été accueillis à l'hôpital, il n'avait pas encore été opéré. Vu l'ambiance autour de lui, j'ai tout de suite compris que c'était grave. Après l'intervention chirurgicale, dans la nuit, nous sommes revenus attendre les médecins.

C'était lugubre. Il n'y avait que de rares personnes pour des centaines de mètres de couloirs. On nous a installés dans une petite pièce sans sièges, qui avait l'air d'un cagibi. C'était une pièce comme pour annoncer la mort. Trois médecins sont arrivés peu après. Ils ont été droit au but en nous disant que Tony ne remarcherait jamais. Je me suis effondrée. »

Dominique Moggio, la mère de Tony.

Brouillard de souvenirs...

« Je crois que j'étais complètement ailleurs. Je veux dire que j'ai bien compris ce qui se passait, mais je n'ai que de vagues souvenirs. Dans les faits, les premiers instants sont restés dans un brouillard d'images que je n'arrive pas à reconstituer.

Je crois que je ne me souviens de rien, ce que je peux en dire n'est que la répétition de ce que j'ai entendu par ma femme ou par ma fille. En revanche, j'ai conservé les émotions de façon assez précise. À l'hôpital, je vois beaucoup de monde autour de nous, tous très gentils. Je ne sais pas ce qu'ils faisaient ou ce qu'ils nous ont dit, par contre je me souviens que je ne trouvais pas ça très rassurant. Les jours qui ont suivi, pareil : on me les a racontés plus que je ne les ai vécus.

Je me disais : "Ça va s'arranger." Je crois que je ne voulais pas voir la réalité en face, et c'est peut-être pour ça que je m'étais abstrait, en quelque sorte. »

Jean-Claude Moggio, le père de Tony.

UN LÉGUME

J'ouvre l'œil.

Contrairement à mes prévisions, je ne me lève pas pour faire mes bagages et repartir chez moi en disant merci à tout le monde.

Au sortir de l'opération, le réveil ressemble à ces rêves où tout paraît avancer au ralenti. Des images floues et surexposées, d'autres plus précises mais vacillantes. Les bruits vous parviennent avec la voix molle et de papier mâché des bandes magnétiques sur un lecteur en bout de piles.

Ne plus savoir si on émerge ou si on se rendort. Les deux, évidemment. Ce réveil va durer trois jours. Trois jours au cours desquels une vie en devient une autre.

“ Mon corps, une masse qui échappe à ma volonté.

Trois jours pour se rassembler et deviner que c'est vous qui êtes là parce que rien n'est sûr. Se familiariser avec ce drôle de non-état, à la fois délicieux de douceur et douloureusement peureux. Peu à peu et comme à petit feu, réunir un peu de son être et le laisser s'enfuir, jusqu'à pressentir enfin que ce bruit qui fait « bip », c'est devenu un peu de votre vie.

Discerner des fils et des tuyaux, la lumière verte d'un moniteur relayé à un robot qui vous aide à respirer, à relancer le cœur, à alerter les infirmières, à striduler pour un excès de salive, une poussée de fièvre. Soudain comprendre que l'écran est un prolongement de soi qui scrute vos mouvements de tête, de bras, de cage thoracique, s'inquiète de l'oxygène que vous avez dans le sang, de ce qui est trop et pas assez, ce qu'il faut augmenter ou diminuer… Tout juste si l'engin ne fait pas aussi sèche-cheveux mais, pour le coup, là n'est pas la question.

Bardé d'électrodes qui mesurent l'activité cardiaque, cérébrale, digestive, de tuyaux et de sondes divers et variés qui amènent de l'air, fournissent des nutriments, des antalgiques, de la morphine, sans oublier de rapatrier votre pisse, vos gaz et le reste.

De temps à autre, pourtant, vous oubliez la machine parce que soudain vous vous extrayez de cette ouate féroce, des sentiments peu clairs qu'elle vous procure. Et vous voilà à mi-chemin entre l'impression d'être en suspension dans un liquide tiède et le cauchemar récurrent qu'un électricien maboul vous ligote avec ses fils pendant qu'un plombier fou vous bourre le bec avec des tuyaux qui curent vos fosses nasales, vous griffent la glotte et débouchent la tripe.

De temps en temps, donc, vous échappez à la machine et ouvrez un œil sur le monde. Cet instant est à vous et c'est peut-être le pire de tous parce que vous prenez soudain conscience que quelque chose ne tourne pas rond. Conscience que vous ne pouvez rien faire. Ni bouger, ni encore moins parler, et surtout, surtout pas gueuler parce que le plombier ne vous a pas oublié, il est encore là et il va profiter du moindre mouvement de tuyau pour vous arracher ce qui vous reste de larynx.

Mais vous prenez aussi la mesure du reste : vous ne bougez pas. Ce n'est pas pour autant de la panique. Vous vous dites que dans l'instant ce n'est peut-être pas utile puisque, de toute façon, vous dormez encore.

Quoi que votre cerveau ordonne, vous restez collé au lit par un adhésif qui s'est emparé jusqu'au tréfonds de votre volonté et vous ne comprenez pas. Impossible : l'arsenal thérapeutique qui vous est asséné sert à éviter pêle-mêle la douleur, la coagulation, l'aérophagie, la castapiane et le béribéri, mais contribue aussi grandement à vous délester de votre raison pour vous soulager des pensées les plus noires.

Un légume, putain. Un putain de légume.

Il ne faut pas en déduire que la vie qui vous est ainsi offerte, rythmée par les « bips » les plus divers à la scansion lénifiante, est un long fleuve tranquille. D'aimables distractions viennent agrémenter le doux retour chez les vivants.

En ce qui me concerne, le pack qui semblait s'être installé sur ma cage thoracique n'a toujours pas déménagé. Je respire au prix des pires efforts, si exigeants que mon cœur surmené demandera grâce et menacera de s'arrêter encore.

Ensuite, à cause de mon larynx, harassé de devoir choisir entre l'arrivée d'air imposée par le tuyau et le besoin régulier d'avaler ma salive, mon système respiratoire finira par saturer – embolie pulmonaire. Réanimation en urgence et sans anesthésie. Brûlé par la canule d'arrivée d'air, je demande à ce qu'on me l'enlève. Là encore, c'est un autre exercice : je ne peux pas parler et il faut me faire comprendre. Je râle, grogne, beugle. L'infirmière finit par comprendre et me dit que ce n'est pas bon pour moi. Je suis une teigne et je refuse sa canule. Avec des airs de « puisque c'est ce que vous voulez », elle me dispense du tuyau ; au final, une énorme crise d'aérophagie – trachéotomie.

Trois jours pendant lesquels je me dis parfois que mourir ne serait pas la pire des choses. Mais j'en sors. Ces trois premiers jours ont pesé pour moi le temps d'une éternité. De l'avis des médecins, j'ai au contraire pris la fusée pour sortir de cet état quasi végétatif à la fois pathologique et thérapeutique. Un semi-coma qui s'est imposé en même temps qu'il a été entretenu.

J'ai lutté contre. « C'est parce que vous n'en vouliez pas », m'a dit un jour le médecin, avant d'ajouter : « C'est la première fois que je vois ça. »

Sérieux talonneur...

« S'il y en avait un pour qui je n'aurais jamais pensé à ce genre d'accident, c'était bien lui. Tony était – et de loin – le plus sérieux des talonneurs à qui j'avais jamais eu affaire, tant dans ma carrière de joueur que dans celle d'entraîneur. Il nous était arrivé sacrément musclé, et il l'était resté. Je veux dire qu'il s'entretenait. Je savais qu'en plus des entraînements, il faisait des joggings et fréquentait une salle de sport pour se muscler, notamment le cou.

À mon niveau – j'ai joué et coaché en "série" –, les mecs s'entraînent avec l'équipe – et encore, quand ils le peuvent –, et puis ils attendent le dimanche. Tony, il en faisait deux fois plus que les autres.

Je ne crois pas que c'était une forme d'excuse parce qu'il avait débuté le rugby sur le tard et qu'il voulait rattraper ce qui pouvait lui apparaître comme un retrait par rapport aux autres. Ce n'est pas ça. Je pense tout simplement qu'il était consciencieux, qu'il ne plaisantait pas avec son état physique. Il tenait cet état d'esprit de l'armée, je crois. »

Thierry Boyer, entraîneur des avants du RC XV.

Ma tête fonctionne mieux. Je ne perçois plus mon environnement comme au travers d'une bulle translucide. Les ombres floues qui m'approchaient prennent peu à peu un visage. Les infirmières, bien sûr, mais aussi ma famille qui se relaie à mon chevet.

Mon corps, pourtant, n'a pas bougé. Il est toujours réduit à cette masse inerte qui semble ne plus obéir à ma volonté. Dès que je pourrai, je poserai des questions. La saison n'est pas finie et je veux reprendre l'entraînement. Dans l'immédiat, d'autres exercices suffisent à occuper mes journées.

Peu à peu, j'apprends à maîtriser le respirateur. C'est une histoire de rythme : il faut se mettre au diapason des bouffées d'air qu'il envoie. Essayer de le doubler, c'est s'exposer à des contretemps assez malvenus, car immanquablement vous parvenez toujours à un croisement fatal : il vous envoie une bouffée au moment où vous expirez, et vice-versa.

En revanche je ne parle toujours pas, et je remarque que lorsque je me mets en apnée l'engin émet un sifflement d'alerte qui précipite les infirmières auprès de moi. J'apprends à user de ce stratagème car, pour appeler, on m'a collé un bouton de sonnette sur l'oreille à l'aide d'un sparadrap… qui ne tient que quelques minutes. Bref, je m'adapte. Et plus je m'adapte, plus je comprends l'état dans lequel je me trouve. Et plus je puise au fond de moi la certitude qu'une fois tous ces fils et tuyaux disparus, je rechausserai les crampons.

Le choc survient le jour où, enfin bien réveillé, je vois mon père arriver avec une ardoise sous le bras. Il y a écrit : « Lâche pas. » Lâcher ? Mais lâcher quoi ? En creux, je comprends que je suis parti loin, très loin. Et qu'ils ont eu peur. Je ne parle toujours pas mais je grogne de mieux en mieux, à la grande satisfaction des médecins. Ils ont l'air ravis d'avoir trouvé en moi un client qui déjoue tous les pronostics. Et de s'enthousiasmer : « Comment ? Hier, il n'ouvrait qu'un œil et aujourd'hui les deux !

Hou là, il est à fond ! » « Regardez-moi ça : hier il faisait "gnnn", aujourd'hui il fait "râå". C'est bon signe », pronostiquaient-ils. Que répondre ?

Blague à part, selon les critères d'école propres à mon cas, j'ai effectivement été un ressuscité précoce. Je suis convaincu que je dois au rugby et à l'armée d'avoir tenu le coup à la fois physiquement et mentalement durant ces longs jours et ces très longues nuits aux portes de l'enfer, car il n'y avait pas que la machine à domestiquer. Il y avait aussi ma peur.

Affreux malentendu...

« L'hôpital, pour nous, a été une période vraiment très particulière. C'était très douloureux et en même temps nous étions comme anesthésiés par le coup que nous venions de prendre. Il fallait à la fois gérer la santé de Tony pour l'aider avec nos moyens, c'est-à-dire beaucoup de présence ; s'occuper aussi des amis qui venaient nous voir ou qui appelaient fréquemment ; en même temps, on ne pouvait pas tourner le dos aux actions de solidarité, on y participait alors qu'il y avait une infinité de choses à faire... Le temps était comme en suspension.

Mais surtout, le plus important c'était de se mettre à comprendre que désormais nous aurions un "autre" fils. Notre hyperactivité nous aidait à repousser la question, un peu comme si on avait cherché à se voiler la face. En plus, nous, nous savions qu'il ne remarcherait pas, mais lui ne le savait pas encore. C'était terrible.

Mais, dans le fond, on se disait secrètement que les médecins pouvaient se tromper, que tout cela était un affreux malentendu. En fait, on ne lui a rien caché, il est clair pour nous aujourd'hui qu'on faisait tout pour ne pas y croire. »

Dominique et Jean-Claude Moggio, les parents de Tony.

Le soir, ma famille partait et me laissait pour la nuit, seul dans la pénombre et le silence du service médical qui fonctionnait au ralenti. Je gambergeais. Parfois j'arrivais, sinon à positiver, pour le moins à relativiser en me disant que j'étais impatient et que l'énergie dont je me sentais encore empli ferait le nécessaire. Mais le plus souvent je me voyais soumis, devenu la proie d'un inconnu mortifère capable de m'entraîner vers des événements sur lesquels je n'avais aucune prise. Coincé sur ce lit, je n'avais aucune maîtrise de mon destin et l'impuissance que je ressentais me plongeait dans le plus profond des désarrois.

La pire des peurs s'emparait de moi : celle de ne pas savoir, justement, ce qu'il fallait redouter. Je vivais très mal ce silence sombre, rythmé par le « bip » du respirateur, baigné dans la lumière des écrans qui disaient tout de ma vie numérique mais rien de mon avenir ni de mon impatient désir d'être rassuré.

Malgré des doses de somnifères à assommer un cheval, je ne dormais pas, je restais éveillé en attendant la mort, parce qu'à part ça je ne voyais désespérément pas ce qui pouvait m'arriver.

Au matin, dès qu'un soignant passait, j'essayais de poser des questions sur mon état, ou plus exactement sur sa durée. On avait mis à ma disposition tout un système d'alphabets et de petits dessins que, tour à tour et en fonction des besoins, on utilisait, en me désignant lettre après lettre ou image par image les éléments d'une communication minimale.

On attendait de moi des clignements d'yeux ou des borborygmes à partir desquels mon « interlocuteur » devait deviner s'il était encouragé à continuer ou au contraire à chercher une nouvelle interprétation du « dialogue ». Mais entre deux dessins de couteau et fourchette ou d'ampoule, deux images de WC ou de douche, mes questions existentielles demeuraient sans réponse.

Il ne me restait plus qu'à serrer les dents, mais même ça je ne pouvais pas.

Ce passage aux soins intensifs aura duré trois semaines. Trois longues semaines au cours desquelles j'ai appris successivement à n'être rien, à mourir et à renaître. Je suis passé par tous les états, toutes les étapes. Avec le recul, je suis aujourd'hui certain que c'est mon histoire, celle que je possédais déjà à l'époque, qui m'a sauvé.

Mon histoire familiale tout d'abord, marquée au fer du pacte que les migrants passent avec leur vie. Un parcours personnel qui les oblige à tout recommencer de zéro et, nécessairement, à opérer des choix pour l'avenir qu'ils veulent avoir dans le pays d'accueil. En gros, deux options : être toujours traités comme des étrangers et subir leur nouvelle patrie, ou au contraire l'adopter autant que s'en faire adopter pour en devenir de vrais citoyens, des éléments actifs.

C'est la seconde option qu'ont choisie mes ancêtres, et je suis convaincu que la démarche qui porte cette volonté m'a été transmise. Non par les mots, mais plus certainement par le regard, le geste et les mille manières dont ils m'entouraient, que j'ai faits miens parce qu'ils m'ont appris à les porter sur la vie. Une essence profonde qui existe au-delà des mots. Les psychiatres parleraient peut-être d'un « inconscient familial » – ou de quelque chose d'approchant.

Je ne sais rien du Codex, mais j'ai en revanche éprouvé mon modèle. Je crois sincèrement que si j'ai pu rassembler cette force intime, sans le formuler et sans même le savoir alors, c'est bien parce qu'elle était en moi. D'une certaine façon, j'ai moi aussi franchi des frontières. J'ai dû prendre des options pour un changement de vie. Je l'ai fait, j'en suis certain, avec cette part d'histoire qui se transmet à l'insu du verbe.

Je suis aussi persuadé aujourd'hui que je dois également mon salut à ma condition physique. Je le dis ici non pour faire allusion à mon corps, mais à mon histoire encore. Le sport, bien sûr, mais aussi l'armée ont appris à mon organisme à encaisser des épreuves, parfois extrêmes. Je ne parle pas de la force qui s'éprouve avec des poids ou des chronos.

J'évoque ici un corps que l'on possède au-delà de la chair, celui qui fait que l'on avance ou que l'on surnage, non pas avec ses jambes ou ses bras, mais avec sa volonté, avec son élan vital.

Son désir aussi. Je me suis longtemps demandé ce que j'avais été faire à l'armée.

Pourquoi cette bifurcation dans mon parcours ?

Je n'ai pas de réponse plus précise à apporter que quand il s'agit d'évaluer la part de ma généalogie dans mon comportement, mais je sais maintenant que cette parenthèse a été bénéfique. En ces instants, finalement, la question n'était pas celle de la cause ; j'avais la réponse sous la forme de la conséquence : je luttais avec un mental de guerrier.

Encore une fois, je n'ai ni les mots ni la manière pour structurer cette intuition portée à hauteur de certitude, mais je le sais, c'est gravé en moi : sans mon passage sous les drapeaux, je n'aurais jamais survécu à cette épreuve. Les entraînements mais aussi les opérations dans lesquelles j'ai été engagé m'ont appris à conduire et maîtriser mon corps au-delà de sa force quantifiable. Il ne s'agit pas seulement de porter un équipement quasi blindé, lesté d'un sac, d'un armement. Il n'y a pas non plus qu'un soleil qui calcine les pierres le jour, et la nuit un froid glacial qui tombe des étoiles, il y a aussi la peur qui rampe et jamais ne s'en va.

J'avais appris la peur dans un treillis, j'ai récité ma leçon dans le pyjama vert du CHU de Rangueil. La peur, ce n'est pas une porte qui claque. La peur n'est pas une surprise, c'est la longue, lente et profonde étreinte d'une main invisible qui s'en prend moins à vous qu'à la réalité qui vous entoure.

Elle la transforme sans y toucher. Invisible, elle se glisse jusque dans votre entendement, jusqu'à ce que vous lui donniez raison. Au final, elle se retire et vous laisse à votre déraison.

Dans les instants où elle menace, il faut être entièrement disponible à soi-même. J'avais appris, dans ces déserts et ces montagnes qui doivent rester sans nom, à être léger, courir, s'arrêter, à ne pas dormir, manger ni boire, mais surtout, surtout, à rester vigilant à soi-même. Avoir toute sa tête.

Ses yeux, ses oreilles et ses narines ouverts comme au premier jour, et ne jamais, jamais rien abdiquer de sa lucidité, même quand un copain tombe : renier l'émotion, la remettre à plus tard, parce que penser à lui c'est penser à soi, et on ne doit plus penser à soi. Juste à sa survie. Le corps n'est qu'un outil jusque dans ses neurones. Il faut franchir le seuil de sa mécanique et de ses affects. Il doit suivre, il n'est pas une question. On entre dans le vital. Aux portes de l'instinct. Il n'y a que cette envie sauvage pour conjurer la peur. n mois d'hosto : crises cardiaques, embolie, trachéo. Collé sur un lit, gonflé de gaz, pissant par un tuyau, mais j'étais prêt. Mon corps était prêt de la couenne aux synapses, comme il m'y avait déjà conduit, à me porter au-delà de mes limites.

Je suis sorti de là avec une dignité d'immigrant et un instinct de béret rouge.

Le buffle avait bouffé le légume.

C'ÉTAIT HIER...

« Le jeudi, il a demandé à me voir. Bien sûr, j'y suis allé. J'ai pris le premier choc quand on m'a demandé de mettre des chaussons, une blouse et une charlotte, et qu'on m'a donné des consignes : ne pas rester longtemps, ne pas trop lui parler, ne pas le fatiguer. Puis, quand je suis entré dans sa chambre, je suis resté sidéré. Il avait des tuyaux et des fils partout. Je me suis approché avec la boule au ventre parce qu'on venait de me dire qu'il avait fait deux arrêts cardiaques dans l'hélico, ce que j'ignorais.

Au bord de son lit, face à lui, je me sentais complètement démuni. Je ne savais pas ce qu'il fallait dire pour lancer la conversation. J'allais pas lui dire : "Ça va ?" Je pense que n'importe qui à ma place aurait subi cet instant de la même façon, mais bon, c'est un ami et les mots ont fini par venir. Je ne me souviens plus de quoi on a parlé. En revanche, je me rappelle très précisément qu'il m'a dit qu'il se sentait abattu et... c'est embarrassant à dire, mais il m'a demandé de le débrancher. On n'en a jamais reparlé.

Je ne sais pas s'il s'en souvient. Si j'en parle c'est pour dire qu'il n'était plus lui-même, parce que Tony il ne s'échappait jamais.

J'ai été traumatisé. C'est peut-être malvenu de parler de moi, mais pendant des mois et des mois je n'ai pas pu sortir. Je me voyais tomber. Et je tombais dans un endroit public, un restau, un ciné ou même dans la rue. Je restais chez moi et j'avais peur de la mort. J'avais une réaction disproportionnée, je le sais bien, mais c'était comme ça : je m'effondrais comme lui, mais je mourais au milieu de tout le monde. Pendant longtemps, je n'ai pas trop su quoi dire en sa présence. J'avais peur du mot de trop, de le blesser. Nous avons beaucoup parlé de l'accident. Ça venait de lui, pas de moi. Pareil pour les gestes, je ne sais pas trop quoi faire. Je ne sais jamais trop quand lui proposer de l'aide parce que si j'interviens sur un mouvement qu'il peut faire, je ne voudrais pas qu'il pense que c'est de la condescendance, et dans le même temps, s'il ne peut pas s'en sortir, je ne voudrais pas qu'il pense que je le laisse tomber. C'est compliqué d'avoir une attitude juste. J'ai toujours la crainte d'être dans le trop ou le pas assez.

Au bout du compte, je crois que je n'ai pas pris suffisamment de recul. Pour moi, cet accident, c'était hier, et demain tout va redevenir comme avant. Je ne me fais pas à l'idée qu'il est dans cet état, c'est encore inconcevable. Tony n'a pas renoncé, je le sais. Si demain il y a un toubib qui découvre l'opération susceptible de lui permettre de remarcher, je suis sûr qu'il tentera le coup ; même si les chances sont minces, il ira. Je pense très intimement qu'il va faire quelque chose, qu'il va bouger. C'est un gagnant et c'est d'ailleurs pour cela que je lui ai demandé d'être le parrain de mon fils. Je sais qu'il lui apprendra à se battre, à ne jamais renoncer, il sera un exemple pour lui parce que, justement, il n'a rien à démontrer.

Il agit en homme, c'est tout, et c'est immense. »

Julien « Baloo » Dangles, pilier gauche du RC XV.

RADIEUX ET VAINCU

Qu'est-ce qu'un enfant heureux ? Je suis tenté de répondre : « moi », mais bien incapable de dire pourquoi de façon définitive et universellement partageable. Dans le même temps, je suis certain qu'il y a des milliards d'individus dans le monde qui peuvent donner exactement la même réponse car, après tout, on ne dispose pour en juger que de sa part d'histoire individuelle.

Les origines importent peu. Riche, pauvre, analphabète ou cultivé, le milieu environnant n'est que le contexte. Notre humanité naît davantage de la façon dont on habite cette part d'univers dans laquelle on s'inclut.

“ Je revenais chez les vivants, mais mon corps avait fui.

Vous l'aurez compris, je suis d'un milieu modeste, économiquement et culturellement. Non, je ne fais pas la différence entre un sevruga et un oscietre, je n'ai pas non plus été éclairé par un précepteur qui m'aurait initié au stoïcisme de Sénèque, pas plus qu'aux grandes théories économiques. Mais je n'ai pas non plus fouillé les poubelles pour me nourrir, et je ne me contente pas d'une croix hésitante pour signer un document.

Ma place est dans l'entre-deux, dans le gros « milieu » d'une socialité acceptable, sans opulence ni misère. Moi, j'ai dans la bouche le goût de l'herbe à la sève sucrée, dans les poumons le vent des cimes qui brûle quand il est froid et brûle quand il est chaud, j'ai appris juste ce qu'il fallait pour gratter les diplômes qu'on me demandait de décrocher, et ceux que je voulais avoir. Je n'ai jamais envié le goût qu'ont les uns pour les chaussures en croco, les autres pour les titres qui remplissent les cartes de visite. Je n'ai pas ces ambitions, ce qui ne veut pas dire que je n'en ai pas.

Il n'y a ni mépris ni dépit dans les considérations que j'exprime ici. Juste pour dire que, comme quelques autres milliards de mes semblables, j'ai fait avec le monde tel que je l'ai trouvé en entrant, en tâchant comme tout un chacun d'en conserver les acquis positifs et d'améliorer ce qui me semblait pouvoir l'être. La chance, si je peux m'en prévaloir, c'est d'avoir eu les moyens de chercher dans cet environnement une place juste, c'est-à-dire en harmonie avec ce que je suis et non avec ce que je possède.

C'est ainsi qu'a commencé ma deuxième vie, avec cette richesse immense dont j'ignorais qu'elle était déjà en moi : l'acceptation de son être entier comme seul matériau valable pour son ancrage au monde. Se construire. Tout part de soi et ramène à soi : je mérite le monde autant qu'il me mérite. Je l'ai compris sur mon fauteuil roulant, le jour de ma sortie de l'hôpital.

J'avais la tronche du condamné, d'abord parce que la trachéotomie ça n'a rien de chic et le sac à pisse non plus, ensuite parce que j'étais flanqué d'une infirmière qui portait la perfusion en s'alignant sur le pas pressé de l'aide-soignant qui me poussait. Ascenseur, couloirs dallés. Il y avait entre trois et cinq mètres à faire entre la porte coulissante et l'ambulance grande ouverte garée dehors, toutes rampes sorties, qui m'attendait. Et là, comme si je l'avais oublié, le monde entier m'est retombé dessus.

La vie m'a rattrapé par les pores. Entre trois et cinq mètres en fauteuil roulant, ça fait une poignée de secondes. Les plus denses et peut-être les plus exaltantes de ma vie. Le parfum, d'abord le parfum de la terre, m'a sauté à bras ouverts dans la mémoire.

Il y avait là, sur la droite, un parterre que l'architecte avait dû fleurir sur les plans. Privé de soleil à la sortie de l'hiver, c'était un bout de terre saturé de mousses, jonché de pierres et pointillé de pyracanthas faméliques. J'ai eu l'odeur, d'abord. Elle avait la fureur délicieuse de l'inattendu. Un souffle mirifique dans les naseaux, l'odeur de la terre intense et si présente qu'elle en devient prégnante, une matière enfin ! Du minéral dans mes poumons tenus depuis un mois à l'abri de la moindre poussière. Le choc. Le monde m'attendait : j'avais un lien avec la terre, cette odeur m'en donnait même le goût ! Elle entrait dans ma bouche, elle était sur ma peau, elle imprégnait mon âme de tout son esprit de glaise.

Avec l'odeur moisie de la mousse, âcre du lierre qui grimpait, l'air, le vent qui poussait aussi un vague souffle urbain empli de diesel et de la rumeur du périphérique – mais l'air vrai ! L'air ami, pas celui du ronron de la clim'. L'air de l'homme vivant où s'ébrouent les oiseaux, les étoiles et les nuages, et pas seulement les néons.

Sur la gauche, un bouquet de bouleaux ornait un rond-point et j'entendais bruisser les premières feuilles palpitant déjà sur des branches encore à demi nues. Bien sûr, j'aurais pu le contempler depuis ma chambre, quand on plaçait mon lit en position assise, sans doute même l'ai-je fait, mais ce monde-là était comme en vitrine. Déplié soudain devant moi, à portée d'une roue de chariot, il devenait vivant et semblait m'accueillir. J'y retrouvais ma place. Ces quatre ou cinq bouleaux qui chuchotaient, c'était mon univers qui venait à ma rencontre.

Sur un parking, entre une porte coulissante et une ambulance, je suis redevenu l'elfe de ma montagne, car derrière cette végétation jardinée il y avait la sève, toute ma sève qui m'attendait dans la lumière encore pâle scandée par le gyro de l'ambulance. Mais soudain tellement palpitante qu'elle ramenait le temps dans ses effluves : les footings à 5 heures du matin, vingt-cinq bornes dans le bruit froissé des tapis de feuilles libérant sous mon pied les fragrances têtues de l'humus, le jour qui se lève dans la lumière des saisons. Les forêts, du pépiement affairé de l'été aux brames de l'automne. Les ruisseaux. Les truites qu'on braconne sous le ventre, les champignons et les fruits sauvages au goût si intense qu'il revenait rien qu'en fermant les yeux pour se laisser éblouir. Tout s'est remis en place. Une sidération. La vie !

Pour aller vers une nouvelle existence, Cendrillon avait eu droit à un carrosse tiré par des chevaux. Moi, c'était un J7 payé par la Sécu qui m'accompagnait jusqu'au centre de rééducation. Je ne marchais plus, mais j'ai su en cet instant que j'allais avancer grave, c'est le mot.

Sortir de l'hosto, on le devine, c'est une étape quand on vient de passer cinq semaines dans un lit, ficelé par des tuyaux et des électrodes, la tête obstinément tournée vers le plafond parce que la mécanique a grippé. De plus, les médecins vous ont fait comprendre qu'ils ont pu remettre la carrosserie dans un état présentable, mais que pour le reste... Du silence, car le diagnostic véritable n'est pas encore tombé.

Je n'avais pas et je n'ai toujours pas la maîtrise du vocabulaire exact qui s'y applique, mais avec mes mots j'en avais déjà résumé l'essentiel : je n'avais plus l'usage ni de mes jambes, ni de mes bras ; mon corps semblait avoir fui et n'être plus qu'un bout de viande que je ne pouvais même plus penser comme étant mien, visible certes, mais évaporé. L'enveloppe était là mais vide, quelqu'un avait dû perdre mon contenu.

Hormis de la ligne des épaules jusqu'au sommet du crâne, je ne sentais rien, au point d'être dans l'incapacité de faire le lien entre ce que je voyais et ce que j'en percevais : il me manquait un bout de moi qui était pourtant bien là.

J'étais dans un état abstrait. Question vocabulaire, donc, comme la majorité de mes contemporains qui voient un type dans mon état, j'avais en tête le mot passe-partout à portée de chacun : paralysé !

Je l'ai déjà dit et le redirai peut-être : dès la première seconde de l'accident je pense que j'ai su, mais que je n'ai pas voulu y croire. Quatre semaines sur mon plumard à ne pouvoir bouger que les yeux constituaient déjà une forme de confirmation. Et alors ? J'ai puisé dans le déni la volonté qu'il fallait pour parvenir à dominer toutes les machines qui me maintenaient à la surface. Dans cet état irréel, mieux vaut s'accrocher à ses mensonges que de faire appel à sa lucidité, car le fond est tellement proche que la tentation de sombrer s'impose comme la seule issue qui reste. C'est ainsi que, de façon plus ou moins consciente, on se dit que pour surnager mieux vaut remettre la vérité à plus tard. En somme, j'avais déjà fait mon choix : « pas moi ».

Affirmer que j'étais ignorant de ma situation est un peu excessif, pour ne pas dire carrément mensonger. Au terme de ma quatrième semaine d'hôpital, eu égard aux « progrès » validés par les médecins, on m'avait délivré de la plupart de mes tuyaux et le personnel soignant avait entrepris de me faire faire l'apprentissage du fauteuil roulant. Formidable machine ! Non que je puisse gambader, le mot est un peu fort, mais j'avais au moins le loisir de sortir de ma chambre quelques heures par jour. Loin du lit, loin du « bip », de l'air climatisé, de la pénombre labellisée « soins intensifs », du chuchotement anxiogène des infirmières et des familles dans le couloir, et déjà plus près d'une page qui allait se tourner : à moi la liberté ! Même s'il faut relativiser.

Je ne boudais pas mon plaisir. Incapable de me servir de mes bras, il fallait bien sûr que quelqu'un me pousse. Pour tout ce qui avait trait aux soins du quotidien, c'étaient deux aides-soignantes ; pour le médical, des infirmières. Pour le temps de « quartier libre », mes proches se collaient à la manœuvre et faisaient leurs gammes dans le maniement de l'engin.

Au réveil, à la mise en route du matin, les aides-soignantes m'y déposaient et j'assistais à la remise en état de mon lit ; c'était l'époque des premières douches. Les déplacements relatifs au service médical me propulsaient dans une ère nouvelle : je commençais la rééducation kinésithérapique. Le moment était considérable. Après être resté étalé pendant quatre semaines comme un clafoutis en vitrine, mon corps prenait soudain une nouvelle dimension. Après l'avoir martyrisé, des hommes et des femmes en blanc s'appliquaient à le verticaliser, le palper, l'oindre pour solliciter sa remise en marche, ou ce qui pouvait l'être. Comme une vieille mécanique longtemps remisée, on guettait le moindre cahot susceptible d'en révéler, sinon l'éveil, du moins le nouveau mode de fonctionnement.

Bien sûr, personne n'était dupe, sauf moi peut-être, qui vivais cet exercice quotidien comme la version clinique de la voiture qui déboule chez Cagire Auto, à Aspet, m'attendant à tomber sous le regard avisé du chef d'atelier : « C'est les pistons. Allez, hop, on change. Une vidange, et zou ! » T'as qu'à croire.

Dans un cas comme le mien, je découvre que le corps n'est plus une globalité mais une addition de zones millimétriques que l'on sollicite pour en scruter la moindre réaction. Le chaud, le froid… « Et là, quand je pique, vous sentez quelque chose ? » Vu le volume à explorer – court sur pattes avec mon mètre soixante-huit, mais bien cubique avec quatre-vingt-douze kilos –, j'ai senti qu'il allait falloir s'armer de patience. La moindre articulation était pliée, dépliée, tournée, retournée ; le plus petit muscle massé pour éviter l'ankylose et garantir une bonne circulation sanguine.

Mes premiers pas – si je puis m'exprimer ainsi – dans ce fauteuil étaient portés par un vrai enthousiasme : enfin je sortais de ma chambre, que je commençais à comparer à une cellule de prison, et disposais d'une autonomie – même relative – qui me permettait de voir du monde et d'avoir accès à la « vraie vie ». En l'espèce, cela se traduisait par une descente à la cafétéria en Inox du CHU pour y manger des beignets au chocolat ! Dérisoire délice qui ne consistait pas seulement à me pourrir les dents mais portait en lui le parfum du renouveau, la certitude que quelque chose se passait enfin dans ma vie mortifère et, surtout, que ce n'était que le début de la reconquête.

En ce qui me concerne, ne l'oublions pas, je revenais chez les vivants avec une envie décuplée de reprendre le ballon que j'avais laissé filer, et tricotais la métaphore du retour triomphant : j'avais des crampons dans la tête. Là, dans les odeurs de daube tiède et de friture Sodexo, je dégustais ma renaissance, bien décidé à défoncer les machines de la « rééduc'-kiné » que je regardais encore les bras ballants et les jambes pendantes, ce qui, bien sûr, n'allait pas durer. Je ne parle pas de mes efforts, mais de mon optimisme.

Une chose cependant me chiffonnait. Personne encore n'était venu me dire de façon explicite ce qui m'était arrivé, ce qu'il en restait, et comment tout cela finirait par s'arranger.

Je voyais bien que des gens savaient – ou, plus exactement, taisaient – des choses. Je tenais notamment ce sentiment de la façon dont s'achevaient les visites du médecin qui, au moment de partir, demandait à mes parents de le rejoindre dans le couloir. Bien sûr, dès leur retour, je les questionnais sur le ton de la rengaine : « Alors ? Qu'a-t-il dit ? » Je crois qu'en réalité je n'écoutais pas leur réponse. Je la regardais. Je voyais bien leur air embarrassé, cette façon de répondre à côté et leur empressement à changer de sujet. Cette façon de jouer les anguilles me mettait certes la puce à l'oreille, mais les sédatifs et autres antalgiques amortissaient un peu de ma détermination. Non seulement je ne voulais pas montrer de l'insistance à l'égard de mes parents, mais en outre je pensais que c'était au toubib de me dire ce qu'il avait à me dire.

Or, plus le temps passait, plus l'envie de savoir grandissait. Dans le même temps, pour moi, le dispositif d'urgence s'allégeait : moins de tuyaux, moins de médocs, je reprenais mes esprits. Il me semblait que je renouais avec ma lucidité, et peu à peu je gagnais en confiance. Je me sentais redevenir moi-même. C'est ainsi qu'un

« beau » jour, pour des raisons inhérentes au service hospitalier, je changeai de kinésithérapeute en cours de semaine.

Est-ce parce qu'elle était nouvelle ? Parce que je l'ai sentie plus fragile, plus facilement piégeable que les autres ? Toujours est-il que j'ai fait en sorte d'amener la question, ou plus exactement la réponse à la vraie et unique préoccupation qui était au cœur de mes interrogations : « Est-ce que je remarcherai un jour ? » Sans se démonter, elle m'a répondu sur le ton de l'évidence : « Mais vous êtes tétraplégique... » Ajoutant dans le même élan pour être plus claire : « Dans votre état, c'est impossible. »

Boum ! C'est ainsi que pour la seconde fois j'ai encaissé la mêlée de plein fouet !

J'ai annulé la séance et demandé à rester seul. Je crois aussi que je lui en ai voulu, un peu comme dans l'Antiquité on jetait aux lions le porteur du message annonciateur de mauvaises nouvelles ; mais j'ai compris assez rapidement que toute rancune était vaine.

Avec le recul, je dois reconnaître que c'est moi qui ai créé la situation en conduisant la discussion aux portes de ce que je voulais savoir. En embarquant cette kiné – sans doute mal informée de ce que j'étais censé savoir ou pas – sur un terrain où elle n'aurait pas dû aller, je l'ai amenée à me dire ce qui se murmurait dans les couloirs.

Cependant, sur l'instant, je n'avais pas ce recul, et la nouvelle a eu l'effet d'un séisme. Pour autant, je ne savais pas exactement ce que recouvrait ce mot. « Tétraplégique » venait pour moi de la famille de « paraplégique » et de tout ce qui se conjugue sur fauteuil roulant, sans autre détail ni nuance. Mais associer « impossible » à l'idée de remarcher un jour, pas besoin d'un cours ni même d'un dessin. J'ai compris tout de suite et sans ambiguïté.

Sous le choc, j'en ai voulu à la terre entière. Oui, je cherchais une réponse, mais pas celle-là. Non, surtout pas celle-là. En fait, je ne voulais pas savoir. Je voulais entendre un truc du genre « tu en as pour un an et après tu reprends l'entraînement », c'est tout. J'avais en ligne de mire et comme mètre étalon le gars de la chambre à côté de la mienne. Un rugbyman lui aussi, arrivé sacrément assommé mais qui en trois semaines avait réussi à quitter son fauteuil pour faire quelques pas. Il était accompagné dans ses déambulations, bien sûr, mais je me disais que le mec était à deux pas des vestiaires et j'attendais mon tour.

Patatras ! C'est la dégringolade dans un puits sans fond.

Tu te dis : « Pourquoi lui et pas moi ? » On a eu le même accident, le même toubib, les mêmes infirmières ; tu en viens à penser qu'avec toi ils ont raté un truc qu'ils ont fait pour lui. Tu le vois passer dans le couloir et tu te demandes ce qu'il a de plus que toi pour mériter d'être debout. Mais tu n'as même pas la force de crier, encore moins celle de cogner les murs, d'arracher les portes, d'envoyer valdinguer les tuyaux, les fils, les machines.

Et pourtant tu te vois. Arracher ta perfusion, mettre ta chambre à sac, rouler en boule ton falzar et fuir, galopant comme un dératé dans les couloirs, bousculant les uns, renversant les chariots, appuyant comme un fou sur le bouton de l'ascenseur mais descendant quatre à quatre les marches pour être plus vite en bas, à l'air, loin, loin, courant plus loin encore jusqu'au sommet de ta montagne et poussant un cri de fou, un cri de bête que les ours et les aigles s'en chient dessus.

Un cri de All Black qui tétanise un stade.

Non. On t'a dit non. Tétraplégique.

Et un tétraplégique qui vient de l'apprendre ça pleure comme un bébé seul dans le noir, parce que même à sa mère il n'est pas capable de parler.

J'imagine que l'annonce de mon état était prévue pour s'effectuer selon un protocole rôdé, genre haute volée psychologique : « Laissons-lui le temps de comprendre avant de mettre les mots » (parce que les psychologues « mettent » les mots). Mollo, quoi. Mais d'une certaine façon, j'ai obtenu ce que j'étais allé chercher.

Le choc. L'onde a parcouru tout l'étage, et j'ai su plus tard qu'il y avait eu fâcherie autour de cet événement. Peut-être que les consignes n'avaient pas – ou mal – été transmises dans le service, car je comprends que la kiné ne m'a pas asséné l'information pour m'anéantir. J'ai bien deviné que si elle me disait une chose aussi précise, c'était parce qu'elle en avait entendu parler. Ignorante du silence dont on m'entourait, dans son intention elle ne faisait que répéter, en toute bonne foi, ce qu'elle pensait que je savais déjà. Qui m'avait été dit.

J'ai souvent réfléchi à la façon, la méthode qu'il faudrait adopter pour expliquer à une personne qu'elle se trouve dans un état pareil : sans bras, sans jambes et sans espoir de s'en reservir un jour. J'ai tout imaginé, du plus brut au plus édulcoré. Pour toute réponse, je n'ai trouvé qu'un paradoxe évident et une certitude : il n'y a jamais ni bon moment, ni bonne manière.

Pas de cohérence…

« En quelques heures, on est entrés dans une autre vie. La nuit, je dormais avec son pull. On ne trouvait pas de cohérence, parce qu'on savait ce qui s'était produit mais on ne savait pas ce qui allait se passer.

J'ai eu peur qu'il meure. Le savoir vivant m'a d'abord rassurée, mais les perspectives qui s'ouvraient ont été une source d'angoisse profonde et je ne savais plus comment prendre la vie. »

Dominique Moggio, la mère de Tony.

S'occuper les mains...

« Quand j'ai su qu'il aurait besoin d'un fauteuil, j'ai engagé des aménagements dans la maison que nous occupions. C'était moins complexe, techniquement, que de se battre avec la société HLM pour avoir des autorisations.

Je me suis installé dans le concret pour ne pas avoir à penser : c'était trop angoissant pour moi d'imaginer que cette situation allait durer, alors je me suis occupé les mains. »

Jean-Claude Moggio, le père de Tony.

LE RUGBY SPORT D'ESPRIT

Après l'armée et de retour à la vie civile, à la paix devrais-je dire, je suis revenu chez les miens avec la ferme intention de trouver une place dans une vie d'adulte. Les armes à la main, j'avais fait mon job ; j'en ramenais un joli placard[1], un galon acquis au mérite et l'impression d'avoir grandi. J'avais rencontré chez mes semblables la faim, le désarroi et la peur ; pas celle qui fait trembler, celle qui imprègne le fond des yeux, celle qui ne se rassure pas, qui attend la délivrance.

J'ai vu la mort aussi, ce qui n'est rien. J'ai vu aussi mon copain mourir, ce qui n'est pas la même chose.

“ Ce sport m'a enrichi bien au-delà des terrains.

Toutefois, je n'ai pas quitté l'armée pour oublier, pour tirer un trait ou parce que j'en avais ma dose. Je m'étais engagé parce que je voulais une parenthèse, effectuer une transition entre l'ado fêtard que j'avais laissé et la vie à laquelle je devais me préparer. Quelles qu'aient été les circonstances, la parenthèse était close. Elle a été intense, et il serait sot de croire que je suis parti « sans me retourner », comme on dit dans les romans. Au contraire, je sais qu'on a toujours son passé avec soi, et en ce qui me concerne, je le revendique.

---

1 . Les rubans portés sur la poche de poitrine, qui attestent des campagnes menées par le titulaire.

Cette période a été riche d'enseignements sur ma façon de regarder le monde, non seulement quant à ce qui s'y déroule, mais aussi la place que j'y occupe. Je n'ai pas dans ma mémoire que des images de villages fumants hantés par la Faucheuse, j'y ai acquis la paradoxale certitude que l'homme est fort au-delà de ses forces, qu'il peut et qu'il sait puiser en lui l'énergie nécessaire quand l'urgence vitale dépasse l'idée même qu'il avait des pires tourments.

J'y ai aussi appris que la solidarité existe et que l'amitié ne vient pas forcément de là où on l'attend.

J'ai retenu aussi qu'on avait besoin d'une famille.

Que seul, on est rien.

Évidemment marqué par cette expérience, je ne suis cependant pas revenu chez moi comme « un autre homme » – parce que personne ne devient jamais « un autre » –, mais plus simplement avec un regard transformé sur l'existence, sans doute un peu plus mûr que je ne l'étais en partant. Peut-être avais-je été tour à tour choqué, peiné, bouleversé, étonné, surpris... En revanche, je n'avais pas changé. D'un point de vue émotionnel, il est évident que j'ai appris la distance à l'égard de certains événements, de certaines personnes qui me sont soudain apparues immatures, mais ma personnalité, structurée par mon histoire, n'a pas fondamentalement changé.

Après l'armée, je n'ai donc pas « refait » ma vie, je l'ai continuée. Dès mon retour, j'ai entrepris deux choses : trouver un boulot et un sport.

Mon père, je le rappelle, travaillait alors à la SNCF. Je savais que l'entreprise rassemblait mille métiers, et c'est ainsi que, sur ses conseils, j'ai fait valoir mon diplôme pour me présenter à un concours, que j'ai obtenu et qui m'a valu le privilège d'accéder au rêve que font tous les enfants : conduire des trains. Certes, on ne m'a pas confié l'Orient-Express, mais plus prosaïquement de bonnes vieilles michelines diesel et autres TER plus modernes, que je faisais zigzaguer entre les aiguillages de la gare Matabiau à Toulouse pour les acheminer aux ateliers de révision.

J'aimais ce travail qui, outre son intérêt, avait l'avantage de me proposer des horaires qui me permettaient de programmer une activité sportive régulière. C'est à cette époque que j'ai notamment tâté de la boxe, tout en poursuivant un travail de fond – footing et musculation – que je n'avais jamais délaissé.

Cependant, j'ai vite compris que la boxe ne serait pas un sport pour moi. Non pas tant parce que je redoutais les coups que parce que je cherchais la compétition, et j'ai assez rapidement admis qu'avec quelques mois de ring à peine je n'irai jamais très loin face à des gars qui avaient cinq et parfois dix ans d'une pratique assidue. La boxe est une discipline exigeante, dévorante, qui n'admet aucune négligence dans la préparation, et dans le fond j'aimais bien ce sport où, une fois en piste, il n'est plus possible de s'échapper. Mais hélas mon retard ne me permettait pas d'avoir de l'ambition : les seuls combats auxquels je pouvais me livrer étaient d'aimables touchers de gants avec les autres adhérents de la salle, et j'avais l'impression de rester en surface de cet art à la fois subtil et intensément physique. C'est ainsi que je suis arrivé au rugby, presque par hasard.

De retour de l'armée, je m'étais réinstallé chez mes parents, à Castelginest, en attendant que mes économies sur mes premiers salaires de la SNCF me permettent de trouver un chez-moi. C'est de là que je partais, soit le matin, soit le soir, mais à peu près tous les jours, pour un jogging auquel je consacrais une heure au minimum. Quotidiennement ou presque, je passais devant le stade Buffebiau, un ensemble sportif qui jouxte des champs, des prés et des chemins de traverse propices à mon activité.

Bien sûr, il m'arrivait régulièrement de voir les équipes de rugby s'y entraîner, et je suppose que c'est au cours d'un de ces passages que s'est opéré le déclic. Toujours est-il qu'un jour je me suis dit de façon assez simple et sans calcul particulier : « Le rugby : pourquoi pas ? » C'est avec ce même dilettantisme que je me suis présenté au club. Au terme de mon parcours, j'ai fait un crochet par le bord de touche où se tenait le coach et je lui ai simplement dit : « J'aimerais bien essayer de jouer. C'est possible ? » Il m'a tendu la main et m'a dit : « Entraînement demain. » Voilà.

Il ne faut cependant pas croire que j'étais tout à fait naïf, et je ne vais pas jouer la partition de « Oui-Oui au pays de l'Ovalie », lequel serait arrivé là parce qu'il a vu de la lumière en passant. On ne grandit pas dans le Sud-Ouest en tournant le dos au rugby. Il ne s'agit pas nécessairement d'y jouer, mais nul ne peut rester hermétique à sa prégnance.

Grande ville ou dernier des petits villages, chacun à son niveau aligne son équipe, et avec l'équipe sa fierté. Derrière chaque clocher il y a un vestiaire, et le maillot a toujours la couleur d'une histoire qui, même si tout le monde en ignore l'origine, cimente l'unisson d'une communauté, car le rugby est un sport d'esprit. Un sport d'esprit partagé.

Il remet sur le plat du terrain toutes les disparités et différences qui, en d'autres lieux, peuvent être facteurs de division. On peut s'étriper au conseil municipal pour savoir s'il faut planter des géraniums ou des pétunias sur le rond-point, mais c'est l'union sacrée autour du match du dimanche : tous dans le bus, et on y va pour gagner ! L'équipe, dans un village, c'est une sorte de totem incarné, transcendant à la fois les sexes, les générations et les classes sociales. Les mères « vont au match », les grands-parents et les petits-enfants aussi. Version Synthol de Peppone et Don Camillo, on y voit monsieur le maire et le chef de l'opposition municipale porter la même écharpe et crier les mêmes slogans : « Allez les nôtres ! »

Le rugby n'est pas qu'une discipline sportive, c'est un élément du vivre ensemble. Il incarne. Il ne porte pas avec lui que des pompons colorés derrière le rétroviseur. Il véhicule surtout la fierté d'être de quelque part et d'y avoir trouvé une place, fût-ce dans la tribune, voire devant sa télé, mais qu'importe. C'est un dénominateur commun que chacun s'approprie en laissant nécessairement une place pour l'Autre, parce qu'il n'existe que dans l'adhésion fusionnelle du nombre, et c'est bien là la première des valeurs qu'il véhicule : le partage.

Ce bien commun se joue de la géographie, il a le cœur aussi large que la passion parce que, quand son équipe en a fini avec le championnat, tout le monde file soutenir le XV du canton avec la même force de revendication quant à l'appartenance. Et ainsi de suite jusqu'à la fin du Top 14, puis du Tournoi des six nations et enfin de la Coupe du monde. Il y a sur chaque maillot un petit bout d'âme qui vit au pied de son arbre mais qui est prêt à en porter la ferveur jusqu'à Auckland. Et moi, ça me plaît, cette possibilité de me sentir universel jusque dans mon canapé, un soda à la main, car même si je n'ai pas eu le temps de prendre des vacances ou le pognon pour me rendre sur l'autre hémisphère, je n'en suis pas moins dans une communion intime avec ce qui se fait sur le terrain. C'est une affaire de pores.

Moi qui avais vécu dans mon carré d'herbe au pied du Cagire et qui, à la saison, ne m'éloignais jamais d'un coin à champignons, je n'étais évidemment pas imperméable à cet air que respire tout gamin qui – à quelques nuances près – naît entre Bordeaux, Brive et Toulon. Je le formule aujourd'hui parce que je crois y réfléchir, mais quand je suis allé tirer la manche de l'entraîneur du XV de Castelginest au prétexte que j'étais un voisin, il y avait derrière moi une enfance puis une adolescence où le dimanche on « va au match ». Même si ce n'est pas forcément pour la partie qui s'y déroule, plutôt parce qu'il y a « tout le monde », à commencer par les filles blotties sur les blocs de béton qui servent de tribunes, parce que les dimanches sont longs dans un canton où les dernières industries n'en finissent pas d'agoniser, où le premier cinéma est à cinquante bornes aller-retour, et parce qu'il n'y a rien de plus triste qu'une boîte le dimanche après-midi. Et enfin et encore parce que c'est là que se tient la chronique et que se prend le pouls de la communauté des potes. La vie de village, quoi.

Ma vie tout court.

Je ne le savais pas, mais je suis sûr aujourd'hui qu'il y a de ça. Après l'armée et ses guerres, j'ai voulu revenir dans le jardin au pied du Cagire où j'avais su être un enfant heureux. J'avais maintenant la maturité pour y entrer non plus en renard mais en Horace. En poussant la porte des vestiaires je me suis senti à ma place, dans la fusion que j'avais eue sous les yeux sans la remarquer, dont j'étais imprégné si fort que c'en était devenu une seconde peau. J'avais la mentalité, une façon d'être sans le savoir, le Monsieur Jourdain du XV. La révélation.

Question jeu, il serait présomptueux de dire que j'étais dans l'inné. D'abord, c'était non seulement mon premier sport de balle, mais aussi mon premier sport collectif. Il a fallu apprendre ce qu'il convient d'appeler les « fondamentaux ». Pour moi, ça commençait par essayer d'attraper le ballon, autant dire que je partais de loin.

Bien sûr, je n'étais pas un manchot, mais dans ce sport avoir le ballon ne signifie pas nécessairement que vous le tenez personnellement dans les mains. Il faut le protéger quand il est dans votre camp, il appartient à tous. Je découvrais tout à coup le principe du collectif, territoire assez abscons pour moi qui dus concevoir que les beaux gestes se diluent dans l'action de groupe et ne servent la gloriole de personne, mais que les fautes se partagent et sanctionnent l'équipe tout entière. C'est ainsi qu'au début, n'ayant pas tout à fait intériorisé les principes de hors-jeu, d'arrivée sur le côté, d'extraction à la main, j'allais simplement chercher le ballon. J'étais vaillant, certes, mais je coûtais cher en pénalités données à l'adversaire. Il me fallut donc adapter mon tempérament à la loi du terrain, et durant la première saison j'honorais plus sûrement le banc de touche de mon assiduité que je ne faisais frémir le tableau d'affichage. Ce fut une autre leçon : l'humilité.

Par orgueil sans doute, mais aussi parce que je pense sans forfanterie que je saisis assez aisément le sens du sport que je pratique, j'ai fait d'assez rapides progrès. De plus, je m'entraînais aussi à ma façon. Non seulement je ne séchais jamais les séances « officielles » du mardi et du jeudi, mais je travaillais encore le reste du temps – jogging à peu près quotidien et, quand je ne courais pas, je filais à la salle de sport pour soulever de la fonte, tirer des rames et travailler les muscles qui m'étaient utiles, notamment ceux du cou et des épaules car, peu à peu, j'avais trouvé ma place dans l'équipe : devant. Même si je ne jouais pas encore intégralement tous les matchs, je me préparais à tenir ma place, car bien sûr j'avais la volonté de ne pas être à la traîne.

J'ai progressé convenablement en ce sens. Je ne perdais pas de vue que je venais de débouler dans une équipe constituée bien avant moi, où les gars jouaient et donc se connaissaient depuis plusieurs années. Il n'était pas question pour l'entraîneur – ni pour moi, d'ailleurs – d'éclipser quiconque dans l'équipe. Je veux ici parler du talonneur, car au fur et à mesure de la progression de la saison mon profil s'était dessiné, et avec lui le poste que j'allais occuper. J'étais plus endurant que rapide et, surtout, je n'avais pas peur quelle que soit la situation. J'avais le gabarit et le tempérament pour tenir cette place qui me fut dévolue en partage avec Jojo, numéro 2 « historique » du RC XV. On occupait le poste alternativement ; le plus souvent on « tournait » pendant le match, voire un match sur deux en cas de méforme ou d'empêchement. Nouvel enseignement : la modestie.

Au-delà des règles du jeu et de la technique, je découvrais dans ce sport quelque chose qui m'était jusqu'alors inconnu. Formé aux sports individuels, notamment au judo, j'étais habitué à aller chercher la gagne pour moi tout seul. Dans une rencontre sur un tatami, ou tu gagnes, ou tu perds. Il n'y a pas de seconde chance. En outre, tu ne peux pas déléguer ton match, impossible de t'échapper : même si ton adversaire te domine de vingt centimètres, tu y es. C'est ainsi que j'avais appris à tout gérer pour mon propre compte.

Là, je rencontrais une discipline où l'effort se conjugue, parce que personne ne brigue le podium pour soi-même. Tu n'es plus au service de ton orgueil. C'est l'équipe qu'il faut conduire au plus haut dans le classement. Ta seule exigence personnelle c'est d'être digne face à tes partenaires, ne pas leur manquer de respect en relâchant tes forces ; tu te dois de ne pas faillir parce que tu sais que le poste que tu occupes n'a rien de déterminant en soi, mais qu'il est essentiel à tous. Tu défends l'honneur au service d'une « cause » qui dépasse ta personne : le match, le classement. Le nom de ton club. Ils sont quatorze avec toi sur le terrain à déployer leur énergie autour de cette volonté commune, sept ou huit sur le banc qui rêvent d'être à ta place et, dans les tribunes autant que dans les discussions qui feront la une à l'apéro, il y a l'histoire en marche. Grande ou petite, qu'importe, c'est la tienne puisque tu as accepté d'en défendre les couleurs. Tu es investi par ses forces occultes.

Le rugby apprend la vérité du bien commun, du partage. À cet égard, ce sport te demande d'être juste et honnête. En cas de méforme personnelle ou, plus crûment, si ton alter ego au poste que tu occupes est « mieux » que toi ce jour-là, tu acceptes de rester sur le banc des remplaçants.

C'est ainsi que, moi qui n'avais jamais daigné laisser mon tour pour un podium en kimono, je consentais à la place qu'on m'assignait, fût-ce sur le bord de touche. La victoire n'en était pas moins belle parce que personne, jamais personne ne vient te faire sentir que tu n'étais pas sur le terrain. Au contraire, chacun te rend l'hommage de savoir qu'en cas de coup dur tu te serais levé pour tenir ton poste. Nul n'en doute parce que tous te respectent, tous savent que tu avais des fourmis dans les jambes, que tu as cuit quand même un peu dans ton impatience, mais qu'au final tu as admis la circonstance parce qu'il devait en être ainsi au nom de l'Équipe. Et je découvre une autre valeur : le sens collectif.

Je sais que je n'ai pas été un grand joueur. Est-ce parce que j'ai commencé sur le tard, qu'il m'aurait fallu plus de pratique pour avoir plus de subtilité, un sens du jeu plus spontané ? C'est une hypothèse. Nul ne le saura. En revanche, je pense que j'ai été un bon joueur, c'est-à-dire vaillant et modeste, courageux sans tomber dans le bravache, et que j'ai su porter mes efforts au service de mon maillot et au nom de tous ceux qui le défendaient avec moi. J'ai fait plus qu'apprendre, j'ai intégré ces valeurs. Aujourd'hui, je pense qu'elles ont pu s'épanouir parce que je les portais en moi, qu'il fallait simplement que je fasse cette rencontre avec le rugby pour que je sois en mesure d'en parler. Mais quand bien même je les revendique aujourd'hui comme miennes, je reste stupéfait, admiratif et reconnaissant pour ce que ce sport m'a apporté bien au-delà des terrains.

Je consens à tomber dans le lieu commun et la phrase toute faite pour reprendre à mon compte l'expression de « grande famille du rugby ». Rabâchée à maintes reprises pour fleurir les commentaires, j'avais fini par trouver cette phrase creuse ; aujourd'hui, je peux dire que cette locution a peut-être été vidée de son sens profond, mais je peux affirmer qu'elle en a un. Le jour de mon accident, par exemple, j'ai su que l'ensemble de mon équipe n'avait pu se résoudre à se séparer. Ils ont tous attendu dans les vestiaires du club que ma sœur revienne de l'hôpital pour leur apporter des nouvelles.

Il était 19 heures quand ils étaient arrivés à Castelginest.

Il était plus de minuit quand ma sœur est enfin rentrée. Ils étaient tous là, impatients, abasourdis, certains effondrés, mais ils avaient unanimement déjà établi la stratégie d'une nouvelle partie : m'aider.

C'est un mot simple, certes, qui sur le papier ne signifie pas grand-chose, mais quand il est dit avec un cœur de rugbyman, je peux attester qu'il n'a rien de vain.

L'APPRENTISSAGE DE L'ACCEPTATION

La honte. D'abord, c'est la honte. Je n'ai que ce mot en tête pour définir au plus juste mon état d'esprit quand je suis revenu à la vie. J'entends par là quand j'ai eu à ma disposition un fauteuil et, partant, la possibilité de quitter ma chambre d'hôpital et d'aller voir autour si le monde avait bougé pendant le mois de quasi-coma que je venais de subir.

D'abord, physiquement, je ne me reconnaissais plus. Sortir de son lit après quatre semaines d'immobilité réserve une infinité de surprises. Certaines sont éblouissantes, comme je l'ai dit précédemment, quand on se fait par exemple surprendre par le parfum et la puissance de l'air du dehors. D'autres donnent l'impression vivifiante de revenir d'un long voyage et de retrouver une part d'un univers que l'on croyait disparu. Le simple fait de pouvoir visiter le kiosque à journaux de l'hôpital relève de la découverte. La seule lecture des gros titres des journaux vous rappelle votre absence et vient en même temps vous signifier que vous êtes de retour dans la vraie vie : il se passe des choses dans le monde et vous venez de retrouver le droit d'en être informé.

« Dans l'antichambre du néant le moindre détail prend une importance exarcerbée.

Je l'ai dit plus haut, mais un annuaire ne suffirait pas à raconter le plaisir d'avaler une pâtisserie. Sûr, on aurait trouvé le gâteau quelconque voire maussade en d'autres temps, mais il atteint soudain le goût de l'inoubliable. Et il en va de même pour une infinité de gestes, comme le simple fait de prendre l'ascenseur commun et de voir enfin des gens qui ne sont plus nécessairement en blanc, mais qui balaient le sol, changent des prises électriques... Après le purgatoire, le retour à la vie !

Hélas, ce sentiment de renouveau trouve assez rapidement sa limite. L'envie de se gorger d'oxygène, de se déployer vers une plénitude et une sérénité que l'on croit méritées bute sur la réalité qui s'impose d'autant plus cruellement qu'on s'était mis à rêver que le bonheur était de retour, ou en tout cas plus très loin.

D'abord, sortir de son lit, c'est rencontrer un miroir. Assez rapidement, dans le reflet d'une baie vitrée ou plus simplement parce que la porte de la salle de bains est restée ouverte, on se voit. Soudain. C'est tout bête, mais effet garanti et brutal : on se rend compte qu'on s'est perdu de vue. Car la vraie surprise que j'ai eue en me voyant « pour la première fois », ce n'était pas tant ce que j'avais sous les yeux que le fait de me rendre compte que je m'étais oublié, au point de ne plus me rappeler que j'avais une image !

J'ai d'abord été effrayé. Dans ma tête, j'étais encore le gars qu'on venait de sortir du terrain, ou plus exactement celui qui y était entré. J'avais en mémoire ce que m'avait renvoyé la glace de la salle de sport, mais le type qui tirait sur les rames, transpirait sur sa presse à ischios et faisait fumer ses deltoïdes n'était plus là.

Nourri pendant un mois à coups de tuyaux divers et de perfusions variées, j'avais perdu près de vingt-cinq kilos. Privé de lumière naturelle, baigné par la lueur étouffée des néons en mode veille, badigeonné de crèmes grasses pour éviter les escarres, les boutons, la déshydratation, la desquamation, et à cela ajoutez un foie qui ne voyait passer depuis plusieurs semaines que des résidus d'anesthésie, d'antalgiques, de psychotropes, d'anti-infectieux, vous obtenez la tronche du type que j'ai vu. C'était moi : maigre au point que tout le visage semblait tirer vers le bas, les joues en chaussettes, les paupières bleuâtres, la bouche blanche et le teint vaguement jaunâtre d'un vieil enduit ; la peau du cou comme une barde et le cheveu en buisson sec. Je ne vous parle pas de l'état de mes dents : je n'ai pas vraiment souri.

Il a fallu que j'admette que cette ombre, c'était moi. Je peux l'avouer, j'ai toujours été un garçon, sinon coquet, du moins très propre. Avec Julien « Baloo » Dangles, les copains nous appelaient « les Barbies » pour se moquer du soin que nous prenions de notre apparence avant de sortir des vestiaires, que nous ne quittions jamais avant d'être bouchonnés du sommet du crâne à la pointe des orteils, parfumés, sapés façon quatre épingles. Là, dans le reflet tordu du Plexiglas de la machine à café, adieu Monsieur Propre : j'avais en face le spectre déformé de ce qui avait été moi. J'ai compris que je devrais repartir de là. Non seulement je ne marchais plus, je ne parlais plus, j'avais le besoin constant d'une personne pour accomplir le moindre geste, mais je devais en outre admettre que la reconquête allait s'effectuer avec une tête d'épave et un corps de loque.

De fait, la joie de quitter le lit s'est révélée toute relative, le sentiment d'avoir effectué une avancée a aussitôt été douché froid par l'évidence que j'avais sous les yeux : l'accident ne m'avait pas seulement détruit dans mon corps, mais aussi à l'extérieur. Cela non plus on ne me l'avait pas dit.

Amère victoire...

« Moi, j'ai eu le vrai choc, paradoxalement, le jour où il a pu être installé dans un fauteuil roulant. On nous avait présenté cette étape

comme une victoire. Mais quand je l'ai vu harnaché de partout pour ne pas qu'il bascule, j'ai craqué.
J'ai pleuré pour la première fois depuis l'accident. Quand il était dans le lit, c'était un blessé, on le soignait. Là, ce n'étaient plus des mots : mon frère était un handicapé et je l'avais sous les yeux. »

Céline Moggio, la sœur de Tony.

Se découvrir handicapé n'est déjà pas très gratifiant, mais handicapé *et* moche n'entretient pas l'optimisme de la fête qui avait salué l'arrivée du fauteuil. Car au-delà de l'aversion que l'on peut avoir pour soi-même, l'insupportable se lit aussi dans le regard des autres. Un handicapé peut susciter de la compassion, mais le malade que l'on traîne sur ses roulettes, hâve et baigné d'une aura aux couleurs imprécises, ne rencontre que des regards gênés qui l'effleurent sans se poser, avec des airs maladroits d'indifférence désinvolte.

Cela, je le comprendrai plus tard, n'est pas dû au fait que le monde est truffé d'hypocrites faisant semblant de ne pas voir les malades, mais plutôt au fait que tu es tellement détruit que toute ta personne transpire le dégoût que tu ressens envers toi-même. En fait, tu es à l'origine de ton rejet, et malgré toute ta déception tu ne peux pas en accuser les autres. Comment, alors que tu es la cause et l'objet même de ta propre négation, quelqu'un viendrait-il vers toi de façon « normale » ? Impossible. Et d'ailleurs tu ne le peux pas, tu ne le veux pas.

Sortir de ta chambre t'était apparu comme une libération, mais tu te vois soudain retomber dans une autre prison. Tu penses si fort que ton apparence est un repoussoir, que ta conviction l'emporte. Une à une les raisons que tu alignes pour te sentir détestable construisent les barreaux derrière lesquels tu t'enfermes. C'est d'autant plus cruel que lorsqu'on t'a amené le fauteuil, le gisant que tu étais devenu l'a reçu comme une sortie par le haut, mais le ressuscité que tu deviens s'écrase dans un nouvel enfer, et ça tu ne l'avais pas vu venir.

Honte. J'ai honte quand j'arrive une après-midi de mars 2010, un peu plus d'un mois après mon accident, à la clinique-centre de rééducation fonctionnelle de Verdaïch située près d'Auterive, à la frontière de la Haute-Garonne et de l'Ariège. Honte parce qu'en plus de mon aspect général que je trouve assez repoussant, sans dignité, je dépends entièrement de quelqu'un pour le plus banal des gestes. Ce sentiment de soumission me dévore alors qu'au fond de moi je suis encore un jeune homme autonome, qui n'a besoin de personne ni pour décider ni pour agir dans les situations du quotidien. Mais force est de constater que je conjugue au passé le plus dérisoire des verbes : manger, boire, ouvrir ou fermer une porte, et même appuyer sur une télécommande pour changer de chaîne.

En outre, j'apprends que la cicatrice que m'a laissée la trachéotomie est encore mal refermée et que je vais devoir patienter « au moins un mois » avant d'espérer flâner dans les couloirs. En clair, on me supprime le fauteuil pour que je ne file pas dans les parties communes à la rencontre de microbes. Couché dans un lit dans lequel je ne peux pas bouger, lavé comme un nourrisson, placé en position assise parce que c'est l'heure et non parce que j'en ai ou envie ou besoin, les bras ballants, les jambes inertes, la tête qui ne tient qu'à peu près, je suis flasque et j'attends. J'ai l'impression d'être devenu une statue molle.

Mes sentiments sont d'autant plus vifs qu'ils sont aiguillonnés par une culpabilité cuisante : Verdaïch est à plus d'une heure du domicile de mes parents et, de façon assez générale, de celui de la plupart de mes amis de Castelginest. Je sais qu'ils ne manqueront pas de venir me voir. J'ai besoin d'eux, ils sont mon réconfort et ils me l'apportent. Quand j'étais à l'hôpital, ils ont prouvé au quotidien leur sollicitude et leur attention. Déjà, j'avais le sentiment d'abuser de leur temps. Ici, je me sens à la fois en exil et dans la situation d'obliger les miens à des allers-retours interminables et coûteux.

Malgré cet état d'esprit qui ne me ressemble pas, je trouve des arguments pour reprendre le dessus.

D'abord, on m'installe dans une chambre double et je constate que mon voisin d'infortune n'est autre que le rugbyman que j'avais vu passer dans le couloir de l'hôpital et dont on m'avait dit qu'il avait été endommagé le même jour que moi. Je ne connais pas ce gars, nous ne nous sommes jamais adressé la parole, mais ce parallèle dans la situation crée comme un point de solidarité ; un peu ténu, certes, mais on se raccroche à ce que l'on peut. Quand on a le sentiment d'être dans l'antichambre du néant, le moindre détail prend une importance exacerbée. Même si en lieu et place de parler je gargouille encore pas mal, je me dis qu'on aura au moins un sujet de conversation.

Ensuite, ici on me parle. Dès mon arrivée, Anne-Marie, la secrétaire qui assure mon accueil, montre un ton juste pour s'adresser à moi. Elle ne me traite pas comme si, non content d'avoir réduit mon corps, l'accident avait également anéanti mon esprit et fait de moi un débile. Elle me parle comme à un adulte responsable et, en soi, il est déjà réconfortant de repérer quelqu'un qui considère que vous avez encore des qualités pour avoir une discussion. Sous son regard je me sens redevenir une personne, ce qui n'est pas négligeable. D'emblée et sans faux-semblant, elle m'enjoint de ne pas me montrer impatient : « Vous en avez au moins pour un an. »

C'est dans mon tempérament : lutter, ne pas se laisser aller. Puiser des forces là où on n'en cherche plus. Je sais déceler au sein des situations les plus compromises la faille qui me permettra, sinon de les renverser, du moins d'en limiter les dégâts. Cela ne signifie pas que je suis invincible, et je reçois d'abord la nouvelle comme un nouveau coup de massue : un an ! Mais dans le fond je me dis que dans ce brouillard j'ai maintenant au moins un cap. Même si l'échéance me semble exorbitante, elle a au moins le mérite d'exister, de correspondre à une réalité et de me sortir du flou dans lequel je baignais jusqu'alors.

De plus, elle me parle de ce que j'ai, m'explique que la tétraplégie est un état grave, très compromettant, mais qui révèle parfois de bonnes surprises. Anne-Marie ne me cache rien. Elle n'enjolive pas le tableau pour l'enrubanner d'une guimauve d'optimisme, mais ne dramatise pas non plus une situation dont elle sait qu'elle est assez critique. Elle consent à ouvrir en ma présence mon dossier médical pour m'aider à le comprendre : « Tétraplégie flasque de niveau sensitivo-moteur C4 à droite et C5 à gauche... » Le fameux « C » fait référence à mes cervicales, je comprends que mieux vaut s'y habituer car le dossier en est truffé. « Luxation complète de C6-C7 bilatérale avec sténose importante du canal vertébral... »

Elle m'explique que derrière ce langage ésotérique se cache l'essentiel de mon problème, qui se révèle assez facile à traduire, pour moi comme pour la majorité de la population : mes vertèbres ont bougé et en se décalant elles ont sectionné la moelle épinière. En clair : les ordres que donne le cerveau ne peuvent plus être transmis aux membres qui en sont les destinataires. J'apprends que pour stabiliser la salade de vertèbres C-4-5-6-7, le chirurgien a fait un boulot de carrossier : il a vissé le tout avec ce que l'on appelle des « plaques », c'est-à-dire des lamelles en matériau composite qui maintiennent le vrac en l'état et évitent que de nouveaux tremblements perturbent l'ensemble.

Par chance, si je puis dire, mes épaules et le haut de mes bras restent sensibles et mobiles. C'est la base de départ sur laquelle va être axé mon travail de rééducation à Verdaïch, le but étant d'aller le plus loin dans ce qu'il est possible de faire. Elle ne me cache pas que « ce ne sera pas facile », mais m'assure qu'il est possible d'aller chercher des développements « toujours plus loin », même si tôt ou tard il faut s'attendre à buter sur des limites. Ces limites ne sont pas inhérentes à la volonté du patient mais à l'état mécanique de son corps, dont le moteur est sérieusement grippé faute de transmission.

Même si sur l'instant je ressens son discours avec une certaine brutalité, je lui sais gré assez rapidement de ne pas inventer des formules pour louvoyer entre les aspects parfois amers de la vérité. Cette personne me comprend, et c'est énorme : elle comprend que je sais qu'elle sait, et je sais qu'elle sait que je comprends. Dit comme ça c'est un peu compliqué, mais c'est pour moi d'une importance capitale : pas de faux-semblant. J'ai besoin de savoir pour maîtriser ce qu'il m'est possible de maîtriser, je ne veux pas avancer dans l'inconnu et elle l'a bien compris. On va parler les yeux dans les yeux. Entre elle et moi au moins, mon cas est devenu matière à conversation et non plus un sujet d'évitement.

Malgré cette lueur d'espoir, les premiers jours à Verdaïch sont assez pénibles.

À nouvel établissement de soin, nouveau personnel. Quand on est totalement dépendant, ce n'est pas un détail : il faut littéralement passer dans d'autres mains. À l'hôpital, j'avais appris à connaître les aides-soignantes et les infirmières. Il y avait celles que j'aimais et celles que j'aimais moins. Et même celles que je ne voulais pas voir.

La vie d'un tétraplégique est soumise aux horaires administratifs des services de santé. Dans un univers hospitalier qui fonctionne 24 heures sur 24, chaque tranche de huit heures est découpée en fonction d'un protocole de travail selon lequel on prodigue des soins spécifiques. Le malade s'adapte. Pas question de faire la grasse matinée. La journée commençait avec l'équipe du matin qui prenait son service vers 5 heures et distribuait des suppositoires.

Il ne vous a pas échappé que je ne pouvais toujours pas utiliser mes bras. Vous devinez donc la situation assez peu flatteuse dans laquelle je me trouvais dès mon réveil. C'est un détail, mais pour moi ça voulait dire que l'obus en question était censé me préparer à chier. Tétraplégique, je le rappelle, c'est l'abandon en rase campagne de tous les muscles. Tous. Ainsi donc, pour moi, impossible d'envisager cette activité de façon naturelle, qui requiert de tout un chacun la mobilisation d'une infinité de muscles abdominaux.

L'attente durait environ une heure, au terme de laquelle la même escouade en blouse blanche déboulait à mon chevet pour procéder à l'EMS. Je me contenterai ici d'expliquer ce que signifient ces initiales, qui vous aideront à comprendre – sans qu'il soit besoin d'un dessin – comment peut naître le sentiment de honte lié à la dépendance que j'évoquais plus haut. L'EMS, ou Extraction Manuelle des Selles, c'est le premier rendez-vous du matin avec les impératifs organiques de la vie ordinaire. Inutile de dire que t'as pas tous les jours l'ami Ricoré qui passe avec ses tartines.

Voilà. C'est un peu cru mais cela a le mérite de caler la réalité dans son expression la plus humaine, parce que le pétrissage ne s'arrêtait pas là. Après ce sain exercice, j'avais droit à la toilette. N'étant pas encore en mesure d'avoir une autonomie suffisante pour passer sous la douche, l'homme neuf était supposé apparaître grâce à l'incidence du gant de toilette. Mais il en va en matière d'hygiène comme dans la gastronomie : il y a les bons cuisiniers et les gâte-sauces.

Loin de moi la volonté de dénigrer les métiers difficiles qui consistent à s'occuper du corps des autres jusque dans ce qu'il y a de moins avouable dans cette proximité. Je comprends la pénibilité qu'il peut y avoir à franchir les barrières les plus intimes de sa propre pudeur pour garantir le bien-être d'un inconnu. Cependant, je n'admets ni le dédain ni le travail mal fait. Je ne viens pas ici porter le fer contre une généralité, au contraire ; je relève que, majoritairement, les « petites mains » du soin à la personne sont compétentes et attentionnées. Toutes en revanche n'ont pas la psychologie nécessaire pour ce genre de travail. Pourtant, la journée qui s'annonce dépend largement de leur intervention.

En ce qui me concerne, j'ai eu affaire à l'ensemble de l'échantillon qui peut se rencontrer dans ces professions. Celle qui entre comme un rayon d'aube et porte avec elle une joie communicative, celle qui n'est pas forcément bavarde mais très pro, celle à l'abord un peu rugueux mais délicate, celle qui est très gentille mais pas toujours attentive, et enfin celle qui bâcle. Cette dernière va te traiter comme un pâté, en râlant de surcroît, et va te lâcher alors que tu as la certitude de puer encore, et ça je ne le supportais pas. Me sentir sale pour aborder une journée de rééducation, et j'avais l'impression de reculer derrière ma ligne devant un pack invisible ; alors qu'à l'inverse, briqué et pomponné par des mains attentives, je me sentais en appétit pour dévorer tout le terrain qui me restait encore à parcourir.

Rien qu'à la façon dont s'allumait la lumière, je devinais à peu près si ma journée serait bonne ou pourrie. À 5 heures du matin, les premiers mots sont essentiels. Rien de tel pour te miner la journée qu'un robot de mauvais poil qui t'éblouit, tire les draps, te bouge comme un steak avec son suppo à la main, et hop ! Ni bonjour ni merde, elle est déjà partie. Et ta bonne humeur avec.

Essaye, tu verras.

Cela dit, je n'étais pas là pour jouer ni les sociologues, ni les DRH. J'avais décidé de prendre mon sort en main, façon XV de France.

À Verdaïch, la salle de rééducation s'appelle « le gymnase ». J'avais droit à une heure d'exercices par jour sous le regard d'un kiné, après quoi le professionnel avait de l'espoir à donner à d'autres patients. J'avais cependant le droit de profiter des installations et je ne m'en privais pas. Comme à l'armée, comme à l'entraînement pour le RC XV, je dépassais les consignes et doublais les rations.

Ramené dans mon lit, j'insistais encore sur la base des exercices du matin.

J'allais gagner. Je le sentais, je le voulais.

Je n'ai aucune explication rationnelle à donner. Les médecins non plus. Ma mère peut-être a le secret : elle m'avait toujours dit que, quand on veut vraiment une chose, il faut y penser très très fort. Vraiment ? « Encore plus », insistait-elle. C'est ainsi que j'ai pris le pari de bouger mes bras… il suffisait d'y penser, n'est-ce pas ? Confiné dans ma chambre, je m'attelais à la tâche, même la nuit, surtout la nuit. Et c'est donc une nuit que cela s'est produit : j'ai senti mon poignet bouger !

Ce n'était que la dixième fois que j'avais cette sensation. Au matin, sûr de mon coup, j'apostrophais le premier venu : « Regardez, mon poignet bouge ! » Je recevais en retour un regard un peu condescendant et férocement navré : « Désolé, mon vieux, on voit rien. » Mais ce matin-là, oui !

Bingo ! Inutile de dire que j'avais le sentiment d'avoir trouvé la faille. À moi tout seul j'allais faire le ruck pour saisir la balle au bond. J'ai redoublé d'efforts : on a deux poignets, n'est-ce pas ? Et petit à petit, à force de coups de force, ou de volonté, ou des deux, peu importe, j'y suis arrivé et mes deux poignets ont fini par bouger !

Consternation dans le Landerneau des blouses blanches. Sauf à penser que la Sainte Vierge serait venue faire un tour, personne n'avait d'explication au miracle. Le mot n'est pas trop fort, mais la façon dont s'incarnait cette manifestation était assez ténue. Mon poignet « bougeait » au sens où l'on interprète un mouvement chez un tétraplégique : une palpitation vers le haut et autant latéralement. Rien à voir avec un lancer de touche, disons plutôt qu'il fallait avoir l'œil : j'aurais pu faire bouger un papier à cigarette, mais certainement pas l'allumette, c'est dire.

Mais au pays des momies, faire un pli sur un drap relevait du séisme. Pour moi, je le savais déjà, c'est de là que partait la reconquête.

Feuille de match (2)...

« Je ne suis jamais allé voir Tony à la clinique de rééducation. J'étais trop mal parce que je vivais avec le sentiment que c'était moi qui l'avais envoyé là, et je n'osais pas affronter la situation. Depuis, ça a changé. On se revoit parce que régulièrement il passe au magasin. Cela me fait très plaisir, mais au fond de moi je suis mal vis-à-vis de lui. Je suis encore sur cette feuille de match et j'en sors pas. »

Thierry Boyer, entraîneur des avants du RC XV.

Pourquoi ?...

« Quand les pompiers sont arrivés, j'ai participé à la pose d'un collier cervical. Je pense que je m'en suis bien sorti parce qu'ensuite les médecins du Samu m'ont "gardé" pour le déposer dans une coque et le conduire jusqu'à l'hélicoptère.

C'est ce qui me rassure. Le sentiment d'avoir été compétent a été pour moi le meilleur geste d'amitié que je pouvais lui accorder en cet instant. Après, quand la distance professionnelle que j'avais mise entre mes gestes et mes affects est tombée, j'étais bien sûr bouleversé comme tout le monde dans l'équipe parce qu'on ne peut ressentir qu'avec une cruelle violence un accident comme celui-là. On y perçoit une forme d'injustice et de fatalité : Pourquoi lui et pourquoi pas moi ? Pourquoi... Pourquoi... C'est certain, cet événement m'a meurtri comme, je pense, la plupart des autres.

J'ai revu Tony un peu plus tard. Nous n'en avons jamais parlé. Je le regrette, mais je ne voulais pas qu'il me dise merci ; ce que j'ai fait, c'est simplement normal. Je n'ai hélas pas eu d'autre occasion de le croiser, parce que peu après son accident la vie m'a appelé ailleurs et j'ai quitté la région. C'est comme ça.

C'est terrible, mais c'est comme ça. »

Jean-Charles Ixart, arrière du RC XV.

LES FRÈRES D'OVALIE

Lue dans un journal ou entendue dans le commentaire d'un match, la « grande famille du rugby » c'est une formule passe-partout qui a un petit côté scout sympa. Comme je l'ai dit plus haut, c'est en tout cas l'impression que me laissait ce genre de locution bien souvent jetée à tout propos dans le flux de l'information.

Je ne l'ai su que plus tard, bien sûr, mais dès le jour fatal du match où je me suis fait briser, la nouvelle a fusé à travers les clochers de l'Ovalie à la vitesse du téléphone portable. Non que je sois une vedette mais, d'une part, les accidents d'une telle importance sont très rares au rugby, et d'autre part, sur l'instant, c'est l'ensemble du club qui a été traumatisé, sans parler du camp adverse. C'est ainsi que, chacun connaissant quelqu'un qui connaît quelqu'un qui, etc., l'effet démultiplicateur a été inchiffrable.

“ La fraternité, fil invisible qui parcourt l'inconscient du rugby.

Sans qu'il soit besoin d'être pipelette, mon accident relevait de ce genre de nouvelle qu'on ne sait pas garder pour soi. Même si elle n'est pas directement liée à la personne qui la transmet ou la reçoit, le choc émotionnel qu'elle provoque suscite le besoin d'être partagé. C'est aussi une façon de le mettre à l'écart de soi, de se délester un peu de son côté pesant. L'onde de choc a ainsi traversé la communauté rugbystique de la série 2 dans laquelle je jouais, avant de se poursuivre bien au-delà.

Le match qui nous opposait à Labarthe-sur-Lèze était par ailleurs suivi par un journaliste de *La Dépêche du Midi*, le quotidien local. Bien sûr, le reporter n'a pas manqué de faire état de l'accident et de tout le tintouin qui a suivi. Pompiers, hélico : tout y était. Cet article, publié dans l'édition du lundi, a eu un retentissement énorme, au point que toute la galaxie associée de près ou de loin à ce sport n'a pu ignorer ce qui m'était arrivé. L'information a eu d'autant plus d'impact que *Sud Radio*, la « radio du rugby », l'a relayée et qu'elle a ensuite été reprise le soir dans le « Journal des régions » de *France 3*.

À cette heure-là, je sortais de la salle d'opération et j'étais encore sous l'effet de l'anesthésie. J'ignorais bien évidemment tout du retentissement qu'avait pu avoir mon accident.

Dans la coulisse, si je puis dire, on s'activait. La mairie de Castelginest d'une part, le RC XV d'autre part, conjuguaient leurs efforts pour « faire quelque chose ». D'abord, des tee-shirts blancs ont été imprimés avec la mention « Tous avec Tony ». Un slogan qui ne serait rien sans l'énergie avec laquelle il a été porté. Et exporté, puisque la formule allait dépasser le seul cercle des Castelginestois. Sur l'ensemble des terrains où l'équipe se rend pour poursuivre le championnat, les équipes « adverses » endossent le maillot, posent pour la photo et en acquièrent un petit stock pour étendre l'action. De leur côté, les commerçants du village diffusent eux aussi ce tee-shirt de soutien auprès de leur clientèle…

La solidarité qui se met en place va bien au-delà des gestes visibles. Dans l'ombre, certains agissent avec autant d'efficacité que d'humanité. Les élus de la commune de Castelginest, où ma mère était déjà employée au moment de l'accident, consentent à lui établir des horaires de travail souples et adaptés au rythme des visites qu'elle me rend à l'hôpital. La SNCF fait également montre de bienveillance à l'égard de mon père dont elle « protège » l'agenda en prenant soin de ne pas lui confier des missions lointaines et étendues dans la durée.

Des messages de soutien sous les formes les plus diverses me parviennent – des textos, des courriers, des coups de fil à mes parents avec un mot à mon intention… Sur Facebook, une page « Soutien à Tony » a rassemblé très exactement 8 412 personnes ! Tous m'encouragent à ne pas relâcher mes efforts.

« Soutien » est le mot qui revient le plus souvent, mais derrière la litanie, derrière ce qui peut apparaître comme de la naïveté pour qui ne l'a pas vécu, toutes ces attentions m'apportent un réel réconfort personnel et une motivation dans lesquels puise aussi ma famille.

À la maison, mes parents déjà débordés accueillent un va-et-vient continu de personnes souhaitant apporter de l'aide sous les formes les plus diverses : un taxi qui leur propose de les conduire tous les jours à l'hôpital, des voisins qui préparent des repas pour qu'ils n'aient rien à faire au retour de leur journée, d'autres qui s'engagent à faire le ménage pour soulager ma mère… Bien sûr, ils ne pouvaient pas tout accepter, mais la générosité avec laquelle était portée l'intention leur a permis de se sentir entourés et accompagnés dans l'épreuve.

Dans le même temps, la presse ne fléchit pas. Mon accident, qui aurait pu n'être que le fait divers d'un jour, classé et oublié dans la semaine, suscite d'autres articles. *La Dépêche* et *Midi Olympique* suivent en temps réel l'évolution de mon état et relayent, pour les amplifier, les initiatives bénévoles qui m'apportent leur soutien. La presse ne me lâche pas et tient la chronique régulière de l'évolution de mon état de santé, autant que du mouvement d'amitié qui s'est déclenché.

Les grands noms du rugby, notamment au Stade toulousain, sont informés de ma situation et s'en émeuvent. Ils souhaitent, sans que cela leur soit expressément demandé, participer eux aussi à cet élan qui entoure ma convalescence. Cette spontanéité témoigne d'une des grandeurs de ce sport où les « vedettes » ne se considèrent pas comme telles. Il n'y a que des joueurs. Et les joueurs sont avant tout des hommes qui partagent l'histoire collective d'un sport installé en France depuis plus d'un siècle.

La communion invisible qui lie l'ensemble des acteurs de l'Ovalie dépasse l'idée que l'on se fait de la célébrité. Chacun met sa notoriété au service du sport dans son entier, que ce soit pour en écrire les pages de gloire ou pour faire face à l'adversité, parce que le seul honneur qui vaille est celui de la fraternité.

Ainsi, les joueurs du Stade toulousain donnent des maillots dédicacés qui feront l'objet d'une vente aux enchères. William Servat, qui était alors le talonneur du Stade, également international, lui-même blessé aux cervicales en 2005, prend l'initiative auprès de ses camarades de club et récolte quelques maillots prestigieux. C'est ainsi que je reçois l'amical soutien de Thomas Castaignède, Vincent Clerc, Thierry Dusautoir, Florian Fritz, Frédéric Michalak, François Trinh-Duc… Trevor Brennan, joueur du Stade et international irlandais, fait de même auprès de ses coéquipiers du XV du Trèfle et ramène le maillot de Brian O'Driscoll. Il est difficile de dire merci parce que cela serait un peu dérisoire, mais je tiens à dire que mon cœur s'est rempli à satiété du bonheur de voir ces héros m'ouvrir leurs bras pour mettre au service de mon retour une part de leur légende.

Moi, obscur talonneur de série 2, infoutu de faire une touche droite, j'ai alors compris ce qu'était une « famille », quand on n'emploie pas ce terme dans le sens de filiation ou de parentèle. Il n'est pas ici question d'état civil mais de partage ; un sens inné de la solidarité qui s'exprime dès qu'un membre de la fratrie se retrouve dans la nécessité. Ce fil invisible qui parcourt l'inconscient du rugby naît sous le joug de l'effort et de la douleur, qui ne fait pas mal parce que l'abnégation pour le collectif lui est supérieure. Chacun sait, quand bien même il porte le maillot bleu frappé du coq, que du dernier des petits Schtroumpfs de l'école de rugby au premier des All Blacks, un joueur à terre est d'abord un homme qui a besoin qu'on lui tende la main, et le miracle de ce sport est là aussi : il n'y a pas d'adversaire, chacun est un partenaire de jeu.

Cet élan informel de bienveillance qui m'entoure se structure peu à peu. Des actions plus « ciblées » sont mises sur pied par des bénévoles : qu'ils soient membres du RC XV ou proches du club (petites amies, sponsors, supporters...), amis de la famille, comme mes collègues et ceux de mes parents, ou simples citoyens... tous mettent la main à la pâte en apportant une contribution plus ou moins active, plus ou moins discrète, mais toujours généreuse.

Avec l'aide active de la mairie de Castelginest, une vente aux enchères de ces maillots de prestige est organisée. Et il n'y a pas que les rugbymen qui se montrent émus. Des joueurs du Toulouse Football-club (TFC), Daniel Congré, André-Pierre Gignac et Moussa Sissoko, donnent aussi des maillots dédicacés.

Rien ne manque non plus à la « soirée de soutien » qui se déroule le 3 avril 2010 : apéro, concert, et six cents personnes pour ces enchères qui dépassent les attentes les plus optimistes. Même si cette soirée marque un point d'orgue dans les activités du dispositif en place, qui ne faiblit pas et organise des tombolas, des soirées festives et aussi des tournois de rugby, elle ne tarit pas le flot d'amitié qui m'entoure et auquel j'assiste plus que je ne participe, un peu débordé et encore franchement dans les choux.

À chaque fois, le produit de ces manifestations est confié à la rigueur appliquée du centre communal d'action sociale (CCAS) de Castelginest. Trop occupés et peu habitués à ce genre d'exercice, mes parents ont préféré déléguer la gestion des dons à des personnes compétentes et dignes de confiance. Sage décision. Parce que même si je suis encore un peu enveloppé dans mon brouillard médicamenteux, des rumeurs de jalousie me parviennent concernant cet apport financier dont certains ont l'élégance de se demander s'il n'est pas excessif !

La solidarité n'est pas euro-compatible pour toutes les bonnes âmes qui m'entourent, encore moins pour les mauvaises langues.

Derrière le traumatisme lié à l'accident, derrière la peine et la déstabilisation de la famille, la réalité guette dans l'ombre et ne manque jamais de vous rattraper. Concrètement, cela signifie que mes parents sont épuisés physiquement et laminés aussi du point de vue affectif. Pour faire court : ils sont déboussolés et leur vie n'est plus réglée que par mon état. Certes, ma sœur leur vient en aide, mais elle a désormais une famille et des devoirs envers elle.

La situation qu'impose mon état rend le quotidien complexe. Et onéreux. Ma mère a mis son travail entre parenthèses ; quand il ne prend pas des congés sans solde, on confie à mon père des missions plus courtes et moins lointaines, ce qui réduit ses primes. Par ailleurs, le trajet quotidien, à l'hôpital tout d'abord, ensuite à la clinique de Verdaïch située à un peu plus de cent kilomètres aller-retour de notre foyer, a un coût bien réel.

Enfin, un constat s'impose : notre maison n'est pas adaptée à ma situation. On doit préparer mon retour en opérant des aménagements spécifiques qui, même si mon père s'emploie à faire le maximum, nécessitent l'intervention de professionnels spécialisés. Ainsi, par-delà la nécessité thérapeutique associée à mon cas, se profilent d'autres exigences auxquelles, évidemment, nul n'est préparé en temps ordinaire. Nous ne faisons pas exception à la règle et ce sont bien sûr mes parents qui, une fois encore, montent au front pour engager toutes les démarches inhérentes aux conséquences de l'accident.

Fort heureusement, le rugby porte son âme jusque dans nos désarrois. Ce n'est pas un sport qui vous abandonne en rase campagne et vous laisse avec vos problèmes. C'est ainsi que, quelques jours à peine après mon accident, la fondation Albert-Ferrasse prend contact avec mes parents. Créée en 1990 et affiliée à la Fondation de France, cette association qui rassemble d'anciens rugbymen et des membres de la Fédération française de rugby (FFR) a pour but de venir en aide matériellement aux « joueurs de rugby blessés au cours d'un match ou sur le trajet entre leur domicile et le stade », expliquent les statuts.

Plus communément et plus familièrement appelée « fondation pour les grands blessés du rugby », ses actions se manifestent sous la forme de dotations susceptibles d'aider les joueurs blessés à acquérir l'équipement indispensable : « fauteuil roulant, matériel technique et tout ce qui facilite la vie quotidienne du blessé ; l'aménagement d'une automobile, pour permettre une plus grande autonomie ; l'aménagement ou la construction de la maison ou de l'appartement ; le matériel informatique, qui permet notamment aux blessés de communiquer via Internet ». Cette association de soutien, présidée aujourd'hui par Jean Arhancet, ancien deuxième ligne de l'ASPTT Pau et lui-même grand blessé, délivre également des conseils à ceux qui viennent de subir un traumatisme qui va bouleverser leur vie de façon durable.

Alors même que nous n'en connaissions pas l'existence, des délégués de la fondation Albert-Ferrasse-FFR ont contacté mes parents avec beaucoup d'amitié et de compréhension pour établir avec eux une liste des premiers aménagements susceptibles d'aider notre famille à opérer la « reconversion » qui, vu mon état, ne manquerait pas de s'imposer. Pour être exhaustif, précisons que cette fondation a été créée en juillet 1990, à une époque où les licences n'étaient pas adossées à un régime d'assurance adapté aux situations exceptionnelles. Pour pallier les lacunes du système d'indemnisation alors en vigueur, Albert Ferrasse, qui était durant cette période président de la FFR, a eu l'idée de créer cette fondation dont la dotation est alimentée par des dons de particuliers et de mécènes, mais aussi par une contribution des clubs, qui lui reversent une part de leur billetterie.

Depuis cette période, le système d'assurance des joueurs a également été considérablement amélioré. La licence est désormais adossée à la compagnie GMF (Garantie mutuelle des fonctionnaires), qui se révèle particulièrement pertinente dans la couverture des risques inhérents à la pratique du rugby. En ce qui me concerne, la GMF a été d'une efficacité et d'une loyauté exemplaires dans le traitement de mon dossier en se montrant à l'écoute de mon cas particulier.

C'est à cette période également que j'ai rencontré Georges Catala, avocat, un ténor du barreau toulousain, qui a apporté toute son expérience et sa sollicitude à notre famille pour l'aider à organiser les nombreux dossiers administratifs, médicaux, sociaux... imposés par mon accident. Une tâche que mes parents jugeaient trop « paperassière » et pour laquelle je n'avais personnellement aucune disponibilité physique. Pour tout dire, nul dans la famille n'avait l'énergie, le moral ou la compétence pour tirer au clair et conduire au mieux les démarches qu'exige la société quand vous vous trouvez dans la situation de grand blessé et que vous vous préparez en outre à devenir « handicapé ».

Tous ces soutiens, toutes ces compétences qui se rangent à notre service témoignent d'une grande humanité. Cependant, la valeur de ces solidarités s'apprécie avec le recul, quand la vie a repris son chemin. J'insiste ici pour le préciser car, sur l'instant, le désarroi conjugué au changement radical de vie s'ajoutent aux forces que l'on doit mobiliser pour tout simplement s'en sortir d'un point de vue vital, et l'on a tendance à se recentrer sur soi, même si l'on n'est pas hermétique à ce qui se passe autour. Cette accumulation d'impératifs nouveaux est si déstabilisante, si bouleversante qu'on en oublie sans doute de remercier avec justesse. Sans doute.

Je cherche aujourd'hui le mot qui pourrait dire le « merci » que j'ai dans le cœur. Le vrai « merci », celui que l'on n'a pas encore inventé à l'usage d'une famille telle que la nôtre et d'un type comme moi qui voudraient dire ou redire à chacun, quel qu'ait été son rôle, combien nous tenons encore aujourd'hui pour précieux son engagement désintéressé.

Je n'ai peut-être pas su dire à tous combien je lisais et relisais les lettres qui me parvenaient, combien j'ai pleuré sur les plus infimes textos d'un vieux copain qui me revenait, ou d'une connaissance qui avait trop de pudeur ou d'embarras pour dire autre chose que « on pense à toi ». Sans oublier le petit mot de tel ou telle qui m'était transmis par mes proches…

Ces invisibles mains tendues m'ont aidé à traverser tant de nuits noires. J'ai reçu comme une invitation le fait de savoir que dehors la vie m'attendait malgré mon état. Réconforté par des visages absents et invisibles, certes, parfois inconnus, mais dont les gestes et attentions me parvenaient comme autant de lumières au fond de mon crépuscule.

Alors, oui, je cherche le mot pour être à la hauteur de la gratitude que je voudrais ici exprimer à l'adresse de tous et de chacun, car aucun geste n'a été vain pour m'aider à revivre.

C'est avec le recul, avec le temps que toute cette énergie que vous m'avez consacrée trouve sa pleine amplitude et sa vraie saveur : le bonheur d'en être sorti et de faire face.

Je dirai simplement que je n'ai rien oublié, et que si ces lignes tombent aujourd'hui sous votre regard vous pouvez être certains que c'est aussi grâce à vous que je les écris.

C'est à vous que je les dédie.

LE YO-YO AMER
DE LA TÉTRAPLÉGIE

Être tétraplégique, c'est être affecté d'un handicap bizarre. Vous devinez que cette appréciation n'est pas avalisée en ces termes par la médecine, mais force est de constater que lorsqu'on tente de faire correspondre la tétraplégie avec un état précis, clairement délimité entre des origines et des conséquences balisées, il y a de quoi être dérouté.

Sur le papier, une tétraplégie est induite par une lésion de la moelle épinière qui atteint la partie dite « cervicale », composée de sept vertèbres. Ces vertèbres sont baptisées « C » – comme « cervicales » – et numérotées C1, C2, etc. en partant du crâne. C'est dans la partie C1 à C7 que se concentrent la plupart des nerfs dits « cordons neurotransmetteurs ». Leur job est de faire remonter jusqu'au cerveau, en temps réel, les informations que perçoit notre corps par un des cinq sens. Dans le même instant, ils amènent au membre concerné par l'information les ordres que donne le cerveau pour réagir à la situation.

“ Je suis moi, d'abord. Tétraplégique certes, mais moi.

Quand le système fonctionne, si vous voyez un caillou sur votre chemin, votre cerveau vous invite à lever le pied, ce que vous faites sans même avoir le sentiment d'y réfléchir. De façon encore plus immédiate, si vous touchez un objet brûlant, vous retirez votre main ; si vous entendez un bruit, vous vous retournez ; *idem* avec l'odorat et le goût, où le décodage est tout aussi réactif.

Or, sous l'apparence de l'évidence, cette belle mécanique est d'une infinie complexité qui s'accompagne d'une grande fragilité. Le moindre geste que nous accomplissons est le fruit d'une myriade de connexions entre le système nerveux dit « central » – le cerveau et la moelle (le premier commande sans même qu'on le sache et la seconde transmet) – et le système nerveux dit « périphérique », qui obéit en même temps qu'il renvoie des indications. C'est un ping-pong permanent : mon fauteuil me fait mal au dos et je bouge, la lumière est un peu faible et je réoriente mon livre, je tourne la page… Le tout sans même m'en rendre compte, alors qu'une infinité de neurotransmetteurs se sont mis en marche. Ils ont rempli leur fonction en formant des combinaisons, comme un Rubik's Cube qui aurait des millions de facettes pour, au final, dégager une seule et unique solution.

C'est dans les vertèbres cervicales que se situe la gare de triage entre les informations qui entrent et les ordres qui sortent. Mais quand ce gigantesque réseau d'aiguillage est ne serait-ce que partiellement amoindri par une compression, tout déraille ! Alors, forcément, quand il est sectionné…

La tétraplégie a ceci de particulier – et c'est ce qui la rend identifiable et la définit – que les quatre membres sont paralysés et, partant de là, la quasi-totalité du système musculaire qui ne peut plus être commandé, muscles internes compris. Bref : le *total bug*. À un point tel que, comme on le voit dans ce film très juste qu'est *Intouchables*, si on verse de l'eau brûlante sur les jambes ou les bras d'un tétraplégique, il ne sent rien parce que son système nerveux est absolument inopérant. Cela n'empêchera pas toutefois son corps d'avoir une réaction physiologique : des brûlures avec rougeurs et soulèvements de peau. Mais encore une fois, aucune sensation de douleur, ni même la possibilité de dire si l'eau était chaude ou gelée. Rien. *Nada*. Que dalle.

À cet égard, du point de vue neurologique, l'homme ressemble d'assez près à ces magnifiques voitures contemporaines bourrées d'électronique, capables de vous dire si la pression des pneus est au poil ou s'il en manque, de vous alerter si quelqu'un a le malheur d'en toucher la peinture… Mais le jour où l'ordinateur tombe en carafe, vous aussi. Impossible d'aller plus loin ! Vous pouvez entailler vos pneus ou asséner un coup de cric sur la carrosserie : comme la couenne du malheureux tétraplégique ébouillanté, la voiture en portera les stigmates, mais côté tableau de bord : rien. *Nada*. Que t'chi.

Cependant, la tétraplégie humaine a ceci de particulier qu'elle se différencie de celle de l'automobile. Elle intrigue et reste très mystérieuse encore. Là où le concessionnaire va vous proposer un échange standard de la boîte à puces, le neurologue, lui, doute. Car la tétraplégie n'admet pas de règles. Chaque patient est un cas particulier, porteur d'autant de questions que les conséquences d'une lésion de la moelle épinière sont diverses et variées. Cela vaut à la fois pour les incidences immédiates et pour ce qui concerne l'évolution de l'état de la victime.

Question réparations, c'est plus délicat encore. Les opérations envisageables sont assez limitées et ne concernent que certaines affections. Pour les cas où les interventions réparatrices se révèlent inutiles voire impossibles – c'est-à-dire dans la majorité des configurations –, les chirurgiens ont pensé à des sortes de « bretelles de dérivation », dites « neuroprothèses », censées contourner le point de compression ou de section de la moelle épinière.

L'usage des neuroprothèses en est encore à ses balbutiements – et, encore une fois, ne peut s'appliquer qu'à certaines situations –, mais constitue cependant un des progrès les plus notables en matière de chirurgie réparatrice. Dans le jargon médical on parle de « SEF », pour Stimulation Électrique Fonctionnelle. En l'espèce, il s'agit d'implanter un « stimulateur » sur les nerfs émetteurs et les muscles récepteurs associés à une fonction. Cette technique a eu des résultats prometteurs en matière de contrôle des fonctions respiratoires et digestives. L'intention de la neurochirurgie est de pousser le Schmilblick pour aider le tétraplégique à maîtriser la station debout… et à marcher.

Des expérimentations sont en cours. Les résultats n'atteignent pas (encore) les espérances, mais on peut néanmoins parler de progrès réels. Ainsi, récemment, une équipe médicale américaine dirigée par le Dr Richard Andersen a élaboré une neuroprothèse qui se présente sous la forme d'une puce dite « intuitive », c'est-à-dire qu'elle agit en fonction de la pensée de la personne chez qui elle est implantée. Jusqu'alors, ce type de prothèse était déposé « dans la zone du cerveau impliquée dans les mouvements », ce qui se traduisait par des gestes jugés « trop saccadés ».

La grande et très récente nouveauté de cette nouvelle génération de puce tient à ce qu'elle s'implante « dans la région du cerveau où se forment les intentions, le cortex pariétal postérieur [...]. Cette stratégie a permis d'obtenir des mouvements moins saccadés, des gestes plus fluides », car le principe de commande « est plus en rapport avec l'intention d'agir qu'avec l'exécution même du mouvement [...]. Le patient ne doit pas se dire "je vais bouger tel muscle" mais "je veux attraper cet objet". La différence avec les neuroprothèses de première génération est fondamentale[1] ».

Avec la cancérologie, la neurologie constitue un des immenses terrains d'exploration de la médecine. Comme on parvient à conjurer les effets dévastateurs de plus en plus de cancers, on peut raisonnablement penser que les neurosciences vont parvenir à résoudre nombre de questions qui paraissent encore enfouies dans la nébuleuse des cortex, rachis, moelle épinière et autres nerfs microscopiques à la profondeur insondée.

Cependant, quand un tétraplégique fait aujourd'hui l'état des lieux avec un neurologue, la meilleure des solutions que l'homme

---

1 . Sources : *Sciences et Avenir, Le Parisien, Le Figaro*, 22 mai 2015.

de l'art est en mesure de proposer c'est une rééducation, dont on ne peut anticiper les résultats. « Il est possible que », « on ne sait jamais », « il faut essayer » : c'est la seule ordonnance véritable qu'en l'état actuel des connaissances un praticien est capable de délivrer. L'air d'y croire, certes, mais toujours un peu navré. On le comprend. À des périodes de stagnation qui paraissent éternelles, succèdent des phases pleines d'espérance. Qui s'arrêtent soudain.

Et repartent. Vous ne savez jamais où vous en êtes exactement… et les médecins pas davantage. La tétraplégie déjoue tous les pronostics.

Voilà, *grosso modo*, ce que j'en ai retenu – et à peu près compris. C'est, pour le commun des mortels, ce qui doit être retenu. En ce qui me concerne, c'est le Dr Sylvain Fowo-Ngadjou qui s'est occupé de mon cas. Neurochirurgien, c'est lui qui m'a accueilli à la descente de l'hélicoptère. Pour tout dire, c'est encore lui qui me suit. Nous avons donc ensemble une longue histoire assez riche en surprises, bonnes et mauvaises, surtout pour lui. Pour moi, n'ayant aucune connaissance ni aucune référence en la matière, je ne pouvais juger ni du succès ni de l'échec d'une initiative.

Les premiers mots qu'il m'a adressés – et dont je me rappelle – se situent à l'issue du demi-coma qui a suivi ma sortie du bloc opératoire. Je le vois encore dans un brouillard me dire : « Tu reviens de loin, je n'étais pas certain de te ramener parmi les vivants. » Réconfortant. Il ajoutera : « Si tu n'avais pas eu cette condition physique, tu n'aurais pas pu résister à ce qui t'est arrivé. »

Je vais voir le Dr Fowo-Ngadjou quasiment tous les jours, si ce n'est plusieurs fois par jour, pendant toute la période post-opératoire où je cumule les complications (arrêt cardiaque, embolie…). Un jour, je comprends qu'au-delà de la maîtrise de son art, il a fondé ses espoirs sur le patient que je suis : « Tu es un miraculé, me dit-il, et donc tu ne dois pas gâcher cette chance. Tu as un capital d'énergie qui t'a déjà servi et qui peut te servir encore. Il suffit que tu le veuilles. Ce ne sera pas facile, mais tu vas pouvoir vivre et faire encore des choses. » Derrière ces mots, il m'enjoignait d'unir mon énergie à la sienne. J'ai compris qu'il ne me lâcherait pas, mais qu'il fallait pour cela que je lui « tende la main » et que ce geste ne pouvait venir que de moi. C'est une métaphore, mais elle devait prendre plus tard un sens tout particulier…

Le Dr Fowo-Ngadjou est un scientifique. Il n'ausculte pas avec une boule de cristal et se garde donc de faire des prévisions sur lesquelles il n'a aucune maîtrise.

Il a l'honnêteté de me dire que l'évolution de la tétraplégie est imprévisible. Il évite de me donner de faux espoirs en jouant les augures, mais il sait noter les progrès et reconnaître parfois qu'il est surpris, voire dépassé par mon évolution : « Ça, je n'aurais pas pu le croire », me dit-il parfois quand il constate que j'accomplis tel ou tel geste auquel il ne s'attendait pas.

J'ai beaucoup d'admiration et de respect à l'égard de Sylvain Fowo-Ngadjou. Non parce qu'il m'a sorti *in extremis* de l'au-delà vers lequel je me dirigeais, mais parce qu'il ne s'est jamais comporté en ponte pontifiant, comme un mandarin qui traite non pas des personnes mais des « cas ». Ce sont ses doutes plus que son savoir qui, à mes yeux, méritent le plus grand respect.

Son humilité face à une discipline ardue, qui n'a de cesse de dérouter la communauté à laquelle il appartient, l'honore. Il pourrait prendre la situation de haut et chercher à masquer ses limites. Je lui sais gré de m'avouer qu'il est toujours en train d'apprendre, qu'il est parfois pris au dépourvu par des patients qui déjouent ses prévisions. J'ai retrouvé cette phrase que l'on prête au Pr Jean Bernard, cancérologue, résistant, poète et académicien – un grand homme, en somme : « La médecine est un humanisme. »

Le Dr Fowo-Ngadjou est un grand homme.

La prévenance de mon médecin, ajoutée à la compréhension d'Anne-Marie, qui m'a accueilli plus tard à Verdaïch, m'a considérablement aidé à me prendre en charge. Ils me parlent. Cela a été déterminant, en ce sens qu'ils n'ont pas fait de moi le destinataire d'un protocole de soins. En m'aidant à comprendre, ils m'ont conduit à devenir un partenaire.

À leur contact, peu à peu, je deviens acteur de ma situation. Mais c'est long. Tout est long avec la tétraplégie.

Il faut tout d'abord comprendre dans quel état tu te trouves. L'admettre. Se résoudre à l'idée que plus jamais tu ne courras après un ballon. Parfois tu te dis : « D'accord, c'est comme ça. » Puis, sans savoir pourquoi, pas même du jour au lendemain, mais d'une heure à l'autre, sans qu'un incident particulier puisse en être la cause, tu dégringoles et tu refuses ce qui t'arrive. Plus tu es près de l'accident, plus ces instants sont violents, paroxystiques. Tu te dis que les toubibs se trompent, que ça n'a pas pu t'arriver. Pas à toi. Ces trucs-là, ça ne se passe qu'à la télé. Alors tu as le feu sacré et tu te dis que tu vas leur montrer, que tu vas soulever des montagnes, et la saison prochaine t'auras le maillot sur le dos rien que pour les faire taire, leur mettre le nez dans leur pipi, à ces cons. Tu es boosté comme une sono de tuning, le volume dans le rouge.

Et puis rien. Pas un orteil qui bouge. Dieu n'est pas là, il n'a envoyé personne pour séparer les eaux et tracer la fuite : tu sombres dans un océan tout noir. Pas une étoile dans ton ciel. Tu veux dormir – je veux dire : mourir un peu, et parfois pour toujours. Mais rien ne vient, pas même le sommeil. Seul. Tu es seul dans les abysses de l'hôpital et tu coules sous ton propre regard. Seul et trop jeune. Pas moi, non, pas moi. Mais t'as déjà compris que ça sert à rien de gueuler.

Long, tout est long. Avec des nuits sans sommeil, le temps devient compact. Il n'y a plus d'hier ni de demain. Compact et linéaire, le temps passe et toi avec, le long d'un long rouleau qui ne s'interrompt jamais. Indiscernable parce que toi-même tu te perds peu à peu de vue. Mais il suffit d'un micro-détail connu de toi seul, qui tout à coup te sort de la routine. Une douleur dans l'épaule que tu ne sentais pas hier et tu te dis : « Tiens, hier je ne sentais pas cette douleur dans l'épaule. Il y aurait donc du neuf ? C'est possible ? » Alors, putain, tu sens ta chance. Ta putain de chance. Adieu, les flots noirs ! Tu remets les crampons, tu repars à l'assaut, bien décidé à exploiter cette mince lueur, comme tu le faisais en faufilant ton mètre cube entre les pattes maigres des demis. Et ça continue comme ça, des jours et des jours qui deviennent des semaines et puis des mois. Et des années.

C'est long, ce yo-yo. Long et amer.

Plus tu t'éloignes de l'accident, plus tu t'installes dans le temps de façon presque insidieuse. Avec d'autres habitudes. Tu ne domestiques pas ton état, tu apprends simplement à mieux le connaître, pour vivre avec de la moins mauvaise des manières. Ce qui n'a rien de simple parce qu'il n'y a pas de bonne façon de se savoir tétraplégique, il y a juste des jours où tu consens à ta soumission parce que tu admets que tu ne pourras plus faire autrement. Ce n'est pas pour autant de l'acceptation, personne ne peut accepter ça. C'est davantage une façon de se dire qu'à défaut de faire avec, on peut lutter contre pour parvenir à être avec. Et moi, j'ai choisi d'être.

Je refuse de considérer tous les jours ma tétraplégie comme une tétraplégie. Il n'est pas question – parce que c'est raisonnablement impossible – de s'installer dans le déni. Plus simplement, je ne veux pas me définir à partir des conséquences de cet accident. Je tiens à rester sur le plan de mon parcours de vie. Je suis moi d'abord. Tétraplégique, certes. Mais moi. On ne définit pas Ray Charles en tant que Noir ou aveugle, mais comme un extraordinaire jazzman, et on retient de Michel Petrucciani qu'il a été un pianiste hors pair et non pas un malade affecté d'une ostéogenèse imparfaite. *Idem* pour Henri de Toulouse-Lautrec, Jamel Debbouze, Édith Piaf…

Pour parvenir à cette certitude, le chemin a été long. Très long. On le voit en partie dans le regard des autres. Ainsi, si j'ai appris à ne pas faire cas de ma maladie, c'est en premier lieu grâce à ceux qui, précisément, ne m'ont pas abordé comme un cas et m'ont d'abord amené à avoir un peu de considération pour moi-même.

Retrouver l'estime de soi, c'est la première étape pour obtenir le respect d'autrui ; j'ai compris aujourd'hui que la tétraplégie s'attrape aussi par les autres.

Une énergie impressionnante...

« Il venait d'être descendu de l'hélicoptère, et déjà il m'a impressionné. La première des choses qu'il m'a dite, c'est : "Quand est-ce que je vais pouvoir me relever ?" J'ai été sidéré, et d'emblée j'ai compris qu'il ne serait pas comme les autres. Les blessés qu'on reçoit dans ce service ont tendance à encaisser le coup en se réfugiant dans une sorte d'accablement. Lui, alors même qu'on ne l'avait pas encore touché, se projetait vers l'avant, dans le futur. Pourtant, et presque paradoxalement, il avait déjà compris qu'il n'aurait plus l'usage de ses jambes, et il me demandait déjà comment repartir avec, avant même que je l'aie examiné !

Je l'ai soigné et je le soigne encore. Nous avons passé de longs moments ensemble, mais jamais ce garçon ne s'est laissé aller à la mélancolie. Il a une énergie folle qui, bien que je puisse revendiquer une certaine expérience, me dépasse parfois. Il s'est délivré rapidement de toutes les contraintes qui pèsent sur les blessés de cette nature, comme le respirateur ou les antidouleur. On va dire que ce patient a toujours battu tous les records.

Pour moi, c'est une personne qui m'a marqué et qui me marque encore. C'est un patient référent. J'ai toujours pensé qu'il aurait une vie après l'accident et je n'ai pas été démenti par les faits : quand je le vois, que je l'écoute, j'ai le sentiment qu'il vit plus que certains qui ne sont pas handicapés.

Quand il m'a dit qu'il écrivait un livre, j'ai été surpris mais pas étonné, je savais qu'il ferait quelque chose de sa situation. Je souhaite que son texte puisse aider la communauté médicale à soigner et éduquer les blessés médullaires. Je pense le connaître assez pour me dire en confiance à cet égard.

La tétraplégie n'est pas une maladie. C'est un syndrome.

Un syndrome est un ensemble de symptômes et de signes cliniques qui relèvent d'un état hors norme, et donc un état pathologique. La tétraplégie se manifeste par une paralysie de tous les muscles qui se situent en dessous du niveau de la moelle et de la vertèbre atteintes. La moelle épinière peut être sectionnée ou atteinte de façon partielle mais, dans tous les cas, quelle qu'en soit l'importance, cette lésion va entraîner des dysfonctionnements moteurs, notamment une paralysie des membres et des muscles internes, et surtout respiratoires.

En l'état actuel de nos connaissances, il est impossible de reconstituer une moelle épinière. Contrairement à une idée répandue, la moelle épinière n'est pas une sorte de "graisse" ou de "gelée" : ce sont des fibres. Une infinité de fibres bien organisées. Quand il y a lésion, on ne peut reconstituer ces fibres qui ne remplissent leur fonction que quand elles sont dans leur pleine intégrité, quand il y a une continuité parfaite entre les deux points de leur aboutissement. Ainsi, quand la moelle épinière d'une personne est lésée, le blessé ne peut retrouver toutes ses fonctions "comme avant". Il faut le lui dire et ne pas maquiller notre discours avec des litotes. Le pire, c'est de laisser de faux espoirs. Les arrangements avec la vérité ne peuvent que causer des déceptions. La meilleure façon d'aider quelqu'un c'est de l'aider à prendre conscience de son état et de l'accompagner pour gérer au mieux la nouvelle situation dans laquelle il se trouve.

Je ne conçois pas mon métier autrement que dans la vérité, parce que j'ai appris que la vie peut changer mais qu'elle ne s'arrête pas, quelle que soit la manière dont on en reprend le cours. »

Dr Sylvain Fowo-Ngadjou, neurochirurgien du CHU de Toulouse-Purpan.

REPRENDRE LE CONTRÔLE

Long, tout est long. Si long quand on est immobile. Mais j'étais averti : j'allais passer un an à Verdaïch. Dans l'absolu, personne n'a envie de se sentir séquestré à plus de cent kilomètres aller-retour de chez soi. Moi non plus, forcément. Cependant, c'est le débouché naturel après une séance de charcutage dans le service du Dr Fowo-Ngadjou, où rarissimes sont les patients qui ressortent en faisant des claquettes.

Comme on l'a vu, je comprends ce que la situation implique, notamment pour mes parents qui, je le sais, vont venir tous les jours : cinquante-trois kilomètres dans un sens et autant dans l'autre. Pour moi, cela n'a rien d'enchanteur. Dans le morne cycle de mes enthousiasmes soudain rebattus par des découragements qui me conduisent aux portes du neuvième cercle de l'enfer, je me sens devenir un boulet pour les miens.

“ J'ai refusé la mécanique de l'accablement.

Certains matins, je me sens sec et prêt à m'effriter comme un vieux croûton oublié. Puis, parce que c'est aussi mon tempérament, je me dis que c'est l'occasion de profiter sur place des conseils d'une équipe expérimentée, mais également d'une quantité de matériel adapté mis à ma disposition, que je n'aurai jamais chez moi.

Dans le cycle infernal des hauts et des bas qui se percutent, notamment dans les premiers temps de ma rémission, j'entrevois tout de même la raison qui me dit que cette étape est une chance. Même si au fond de moi je bous, je comprends peu à peu que la solution ne passera pas par mon impatience. Mon envie d'aller vite est battue en brèche par la toute-puissance de mon état qui, malgré mon énergie, me commande.

Je vais donc faire comme je l'ai appris au judo, comme je l'ai éprouvé au rugby : quand on a un bison en face, rien ne sert de taper direct dedans, le mec ne bougera pas. En plus, il aime ça et n'attend que ça. Alors, court sur pattes, large d'épaules, pas nécessairement véloce ni doté d'une souplesse de ballerine, tu t'adaptes. Quand ton corps ne suffit plus, tu fais avec ta tête. Dès l'instant du contact, tu glisses, tu vrilles, tu t'arranges pour devenir quasi liquide en donnant à ton corps la fluidité d'un Barbapapa. Bref, tu ne laisses pas la main à l'adversaire. Je décide de faire pareil avec ma tétraplégie. D'abord, je vais l'apprendre. Ensuite, la raisonner ; non pas pour atténuer ce qu'elle fait sur moi, mais pour savoir ce que je vais faire contre elle. Elle a l'avantage de l'emprise, c'est sûr, mais je vais aller la chercher là où elle ne m'attend pas.

Avant d'arriver aux portes de l'équipe de France de judo, j'ai fait trébucher un paquet de maousses, des plus que moi. À l'armée, à la guerre, j'ai appris à garder les yeux secs, je veux dire à ne pas faillir devant l'émotion, parce que ça pourrait être la dernière tellement la survie est synonyme de sang-froid. Et au rugby, je me souviens d'être allé chercher des ballons dans des packs de granit aux poings fermés, bardés de souliers dentus, et j'en ai défendu d'autres sous des pluies de têtes qui aspiraient à fendre des enclumes.

J'ai assez rapidement compris que la tétraplégie est un sport individuel. Je me suis assez rapidement souvenu que j'étais entraîné.

Je me suis assez rapidement informé pour savoir que cet état a des sursauts imprévisibles.

J'ai tout de suite décidé d'en faire mon affaire.

D'abord, branle-bas de combat : j'ai commencé par refuser toute la dope pharmaceutique qu'on m'administrait, ne consentant à prendre que celle dont je comprenais la nécessité et dont je pouvais jauger l'efficacité.

J'ai senti comme un frémissement dans le corps médical : « Comment ? Il discute ? Allons donc, hop ! on avale ! » Non.

Auprès des infirmières, que je sentais moins rigides que les toubibs sur ce chapitre, j'ai commencé par me documenter sur ce que j'avalais. Tout en faisant semblant de me passionner pour les molécules que l'on m'infligeait sous le sceau de l'obligation thérapeutique, mes préoccupations allaient surtout vers le pour quoi et le pourquoi. C'est ainsi que petit à petit j'ai fait dégager de ma table de nuit une quantité impressionnante de boîtes de pilules, ampoules et autres gélules. En premier lieu, les antidouleur.

C'est encore un paradoxe de la tétraplégie. Ton corps t'a fui, tes nerfs sont médicalement morts, mais il reste encore assez de connexions cachées pour que tu aies mal partout. À commencer par les zones supérieures encore innervées : des épaules au sommet du crâne. Il en reste assez pour avoir de quoi serrer les dents quand, comme c'est fréquent, se font des connexions qui ressemblent plutôt à des courts-circuits. Sans compter les zones éteintes qui quelquefois se rappellent à ton souvenir, phénomène bien connu sous l'appellation de « membre fantôme », affectant par exemple les personnes privées de jambes, qui ressentent parfois un furieux besoin de se gratter les pieds.

Mais qu'importe, ma raison était faite et elle perdure. Je n'ai pas varié d'un iota : les quatre cinquièmes de mon corps m'échappent et il n'est pas question de laisser la chimie contrôler le peu qui me reste. J'en veux la totale maîtrise, fût-ce au prix, parfois, d'intenses souffrances aussi aimables que les névralgies d'Arnold ou du trijumeau, le genre de truc que l'on ne souhaite pas – enfin si, quand même – à son pire ennemi.

Du point de vue physique, ma première victoire, je l'ai déjà dit, a été de me persuader que j'allais bouger le poignet. Je l'ai fait. La nuit, dans mon lit. Pas le premier jour, ni le deuxième, peut-être le dixième, je ne me souviens plus. Juste pour dire que la nuit, dans mon lit, la tétraplégie est encore là. Mais moi aussi. C'est un tête-à-tête avec un adversaire qui s'applique à te faire renoncer. Dormir. Et avec moi, ça ne prend pas.

Dès l'instant où je suis parvenu à faire bouger mon poignet, je n'ai eu de cesse de le faire savoir. D'abord, bien sûr, aux aides-soignantes qui passaient dans les chambres pour assurer le réveil des troupes. Il ne m'a pas été nécessaire d'attendre d'arriver en salle de rééducation pour en faire l'annonce au kiné et à l'ergothérapeute : la nouvelle avait déjà fait le tour de la clinique et j'étais attendu de pied ferme par l'équipe médicale autant que par certains patients qui voulaient me voir réitérer l'exploit. Je ne m'en privais pas. L'événement était considérable. Après plus de trois mois à me morfondre comme une éponge au fond de mon lit, je découvrais tout à coup qu'il me restait un peu de mécanique.

Évidemment, le miracle fut discuté. J'appris en fait que, contrairement à ce que je pensais, c'était moins le poignet qui bougeait en tant que tel, que le biceps qui commandait en amont un mouvement du bras. Pour le kiné – et pour moi, donc –, l'information était considérable : le biceps sortait du coma ! Cela signifiait que quelques muscles situés en dessous de mes épaules consentaient à reprendre du service.

Bien évidemment, je me suis engouffré dans la brèche. À mon heure et demie de rééducation « officielle » tous les matins, j'en rajoutais une rien qu'à moi avant le repas de midi, plus encore quelques autres dans l'après-midi en attendant la nuit, la longue nuit. Le programme que je me mitonnais reprenait en gros les consignes que me donnait le kiné pour la séance du matin, auxquelles j'ajoutais quelques improvisations de mon cru. Au bout, un seul objectif : muscler ce muscle et en obtenir toujours plus.

Cependant, si j'avais gagné un biceps à force d'entêtement, le triceps, lui, refusait absolument de sortir de sa léthargie. Le triceps permet notamment et surtout des mouvements de l'avant-bras. N'ayant pas pour objectif dans la vie de finir champion de baby-foot, je décidais par la force des choses de faire l'impasse, du moins provisoirement, et cultivais avec un soin têtu mon biceps tout neuf.

Et le second, me direz-vous ? Pas d'inquiétude : je savais déjà que les bras marchent par paire et je ne l'avais pas oublié. Mais il fut plus long à venir et j'employais la même technique que précédemment, c'est-à-dire la méthode Coué et beaucoup de transpiration. Évidemment, j'en vins à bout. Je ne le concevais pas autrement, car j'avais une ambition immédiate qui consistait à détenir suffisamment de force pour parvenir à manipuler tout seul mon fauteuil roulant. Le rêve ultime étant de me tirer d'ici au nez et à la barbe des kinés et des ergos, tant je m'imaginais traçant sur les routes de la campagne de Verdaïch avec, derrière, une escouade de blouses blanches lancées à fond pour me récupérer.

Presque. Je l'ai presque fait.

Je pourrais raconter dans le détail. Cependant, il faut savoir que ce qui tient ici en deux lignes correspond à chaque fois à une, deux et parfois plusieurs autres semaines de travail sans relâche. Et fatigant aussi. Sans cesse à l'écoute d'un corps qui s'est enfui, qui ne répond jamais quand on le questionne, qui se réveille quand on ne le lui demande pas et, toujours inerte, vous envoie des signaux dans un langage que vous ne comprenez pas, quand il daigne se faire remarquer. Il s'échappe sans cesse tout en restant sous vos yeux, là, comme soclé dans le fauteuil. Avec une part de lui qui n'est pas vous.

Tétraplégique, tu chevauches un animal fou qui aurait la consistance d'une fumée. Impalpable et pesant, fossilisé et féroce, prêt à t'étouffer comme le ferait un nuage de plumes. Et le pire, peut-être, c'est de gérer cette absence avec le souvenir de ton intégrité.

Le cerveau, lui, n'est pas tétraplégique. Il a dans la tête, si j'ose dire, le schéma du corps tel qu'il était avant l'accident. Il « fait les gestes », mais la mécanique qu'il est supposé commander n'obéit plus. Un peu, j'y reviens, comme une voiture à l'arrêt qu'on essaie de faire avancer : on enlève le frein à main, mais le volant est coincé et laisse une très mince marge de manœuvre. De fait, l'adaptation n'est pas des plus simples parce qu'il faut reconfigurer tout le programme gestuel. Et le piège, c'est que vous ne disposez que de l'ancien, celui du temps où vous pouviez vous gratter les pieds… mais il est caduc.

Apprendre, comme on l'a vu plus haut, à se servir du biceps sans le triceps : les mots sont faciles à écrire, mais quand on est à la manœuvre on a paradoxalement moins besoin de ses bras que de son cerveau pour lui imposer une autre méthodologie – j'allais dire une « gymnastique » – du geste. La tétraplégie est un sport cérébral.

Semaine après semaine, non seulement je muscle mes biceps, mais aussi et surtout je m'applique à en prendre le contrôle, parce que bouger, c'est bien. Fortifier, c'est mieux. Mais maîtriser les gestes… c'est une autre paire de manches, si je puis dire. Mes bras, je le souligne, ne bougent que du coude à l'épaule. Il me faut apprendre à ruser pour tirer parti du reste et gagner sur l'utilisation du poignet et de l'avant-bras.

C'est ainsi que je m'exerce, dans un premier temps, à me débrouiller seul avec mon chariot, que je fais avancer par impulsions. C'est un peu abstrait, certes, mais disons que, plutôt que de pousser la roue, je la percute avec mon poignet du haut en bas, sur un angle calculé pour que les roues puissent se débloquer. Là encore, pour ce genre de manœuvre tout à fait empirique et encore inconnue du manuel, je m'entraîne des heures et des heures dans les couloirs de la clinique. J'apprends même à tourner, ce qui est beaucoup moins simple parce qu'il me faut exercer une pression latérale suffisamment puissante, ce qui se révèle assez compliqué pour un apprenti tétraplégique à la gestuelle encore un peu désordonnée.

Cependant, jamais à court d'idées, je trouve la parade : je prends les angles des murs. Je me penche et je compte sur le choc entre mon épaule et le mur pour faire dévier la trajectoire de l'engin. C'est ainsi qu'un beau matin je décide d'aller voir dehors si l'herbe est plus verte. Je prends la rampe pour fauteuils roulants, dont l'accès est généralement réservé aux handicapés accompagnés par une personne valide afin de pouvoir freiner le chariot en cas d'emballement. Tintin ! Personne en vue : je fonce ! J'ai un étage à descendre et quatre tournants à prendre. Sûr, la pente est douce, mais l'élan se cumule et je n'ai pas encore assez de muscle ni de maîtrise pour freiner. Tant pis. Je prévois que l'arrivée en bas va décoiffer, je mise sur le fait que je ne croiserai personne et que la porte de sortie sera ouverte. Allez, zou ! À fond les roulettes.

Premier tournant, impec'. Je passe au coup d'épaule et fais chasser l'engin. Qu'importe, ça file. Deuxième, troisième virage, ça va déjà plus vite. Au quatrième, c'est la bombe et je traverse le hall à la vitesse du courant d'air. Chance : la porte est ouverte. Et boum ! Avec l'élan je suis projeté sur le parking et je ne peux éviter un rebord de trottoir, certes peu relevé mais suffisant pour arrêter l'attelage d'un coup sec. Sanglé dans mon fauteuil mais dépourvu d'abdos, je m'effondre lamentablement sur moi-même, comme un chewing-gum qui aurait la tête sous les genoux. Certes, l'image est un peu hardie, mais c'est juste pour dire que, de là où je suis, je peux voir le dessous de mon fauteuil tout en étant assis dessus. En clair, j'ai la tête plus basse que le cul.

Moi qui avais envie d'arbres et d'herbe verte… me voilà pendouillant, à attendre je ne sais quoi. Du secours, bien sûr, mais avec des bras inopérants pour cet exercice de trapèze, je suis aussi tonique qu'une merguez pas cuite. Lacéré par la ceinture de sécurité qui me comprime le diaphragme, je ne peux même pas appeler. Si j'évoque le barbecue c'est parce que dehors, à la rage du soleil, il doit bien faire cinquante degrés et que la cuisson commence. À gros bouillons.

Je vais rester là un bon moment, perdu dans le vide et dans mes pensées qui s'embrouillent parce que le sang se met à palpiter contre mes tempes avec des accents de cocotte-minute. Par chance, un de mes compagnons d'infortune a profité de l'heure de la sieste pour jouer lui aussi les filles de l'air. Il est venu griller sa clope incognito sur ce petit parking qui est en fait un accès réservé aux fournisseurs. Tout à la joie d'échapper aux regards et aux contraintes, je me suis simplement trompé de sortie ! Si le mec avait préféré la télé à sa cigarette, j'étais cuit. Littéralement. Parce que ce petit séjour au soleil après plusieurs mois de chambre m'a valu quelques déconvenues d'ordre cutané, circulatoire et respiratoire. Et une réputation de teigneux.

Pour me calmer, on a fait venir le Dr Fowo-Ngadjou, chargé de m'expliquer que la tétraplégie reste assez peu compatible avec les cascades en fauteuil roulant. Naturellement, il s'avance vers moi et tend sa main vers l'accoudoir du fauteuil pour prendre la mienne et la serrer, comme il le fait d'habitude. C'est cet instant que je choisis pour précisément retirer ma main… et la lui tendre !

Quelle n'est pas alors sa surprise de constater que non seulement je parviens à lever le bras, mais qu'en plus j'ai acquis suffisamment de maîtrise pour l'allonger et le diriger ! Stupeur. Admiration aussi : « Je savais que tu étais un miraculé et je croyais qu'on en resterait là », me dit-il, assez ébahi par mes progrès que, toute modestie mise à part, on peut qualifier de fulgurants.

Qu'on en juge : sept mois pour parvenir à lever la main et la tendre : c'est du Blitz !

Tout cela pour dire que la tétraplégie contraint à déployer une nouvelle échelle du temps. Mais en l'occurrence, on retiendra que le Dr Fowo-Ngadjou était content. Admiratif même, et pour tout dire pris à contre-pied – c'est une image, bien sûr. En ce qui me concerne, j'y ai vu matière à encouragement, même si j'avais déjà décidé de ne pas en rester là.

Je suivais notamment avec assiduité et application les conseils de l'ergothérapeute. C'est une autre rencontre dans ma vie : Sandrine, dont le métier est de faciliter la vie pratique des personnes dont elle a la charge.

Contrairement à bien d'autres intervenants, l'ergothérapeute n'agit pas en fonction d'une ordonnance particulière. Son boulot, c'est de trouver avec le patient des solutions individuelles de nature à permettre une meilleure adaptation à l'environnement matériel et gestuel, ce qui, par extension, est de nature à l'aider aussi dans son insertion sociale.

Quiconque voit un handicapé dans un fauteuil roulant pense que le mec a acheté son engin, et hop, le voilà parti avec ! Pas du tout. Avant de monter dans ton fauteuil, tu en essayes dix. Avec toi, l'ergothérapeute. Il apprend à déjouer les pièges. Il a pensé à une infinité de détails et a assuré presque autant de réglages : en fonction de ta taille, des gestes que tu peux ou ne peux pas faire. Hauteur, inclinaison, choix de la tablette de direction, appuis des bras, de la tête, des jambes… tout y passe et même, parfois, ta patience.

Encore une fois, c'est long. Mais tu l'acceptes car tu vas l'avoir sous le cul le reste de ta vie. Mieux vaut être ami avec son fauteuil. Moi, je suis ami avec Sandrine. J'ai un bon fauteuil et des envies de bouger qui lui font déployer des trésors d'inventivité.

Marre d'être nourri comme un bébé, j'ai un jour décidé que je voulais manger tout seul. Pas simple, sans doigts, sans main, sans poignet, sans avant-bras. Avec juste un peu de biceps, donc, qui me permet d'entraîner tout le reste. Qu'à cela ne tienne : Sandrine m'a bidouillé un jeu de couverts. Cuillère, fourchette et couteau… qui n'ont pas de manche mais un étrier dans lequel je glisse la main, et pour le reste j'ai dû apprendre. Après avoir sali un bon paquet de chemises et renversé assez de bouffe pour donner des regrets aux Restos du Cœur, j'ai fini par me dégourdir et aujourd'hui je mange seul, ce qui, en creux, veut dire que je n'ai plus besoin de demander à quelqu'un de me porter assistance.

Le détail paraît infime, mais ces ustensiles constituent une grande victoire pour ma dignité. Sans l'ergothérapie rien n'aurait été possible, car bien sûr les couverts dont je dispose n'existent dans aucun catalogue. Ils sont tout droit issus de l'inventivité généreuse d'une personne à l'écoute.

De la même façon, elle a conçu le stylo avec lequel j'ai entrepris d'écrire ce livre. Tout part d'une pince souple où je glisse ma main, reliée à une petite « bague » que j'enfile sur la première phalange de l'index. L'anneau est serti d'une mine qui dépasse un peu le doigt. Et le tour est presque joué, il suffit d'un bon trimestre pour parvenir à écrire une phrase lisible ! Mais qu'importe : arriver à retrouver sa signature, c'est retrouver un bout de son identité.

Je sais. Je sais de façon infiniment et intimement reconnaissante que seul on n'est rien. Mais j'ai compris aussi que dans le groupe on risque de se perdre. Avec le recul, je constate que j'ai entrepris ma rééducation sur le mode du « moi je ». C'était instinctif.

Cela peut paraître égoïste, mais ce n'était en tout cas pas calculé. C'est avec le temps que j'ai évalué cette distance prise à l'instinct. Non que j'aie méprisé quiconque, mais j'ai décidé de décider ; c'est venu comme ça, sans calcul. Un sursaut intime m'a fait décréter un jour de supprimer des médicaments dont j'ai jugé, de façon tout à fait péremptoire, qu'ils ne m'apportaient rien. C'est avec la même science du pifomètre que j'ai tour à tour accepté et récusé des exercices de kinésithérapie. Non que je méprise les praticiens, mais une force plus puissante que ma raison m'imposait des protocoles connus de moi seul. Je les tenais pour vitaux. La voix de mon corps a été plus forte que celle des spécialistes. Ce n'est pas de la forfanterie, c'est une façon de redire que je me suis mis à l'écoute de mon corps silencieux. Derrière sa parole à jamais muette, je crois que je percevais malgré tout le filet de voie qu'il me traçait.

Je ne sais si tout cela est vraiment vrai ou si je m'en suis persuadé. J'ignore encore et à jamais s'il eût mieux valu pour moi de rester dans l'ordre des choses que l'on me proposait. Je ne sais rien de la pertinence de mes choix, je n'aurai jamais d'éléments de comparaison pour savoir quelle aurait été mon évolution si j'étais resté dans le cadre des protocoles officiels.

Je ne connais pas toutes les raisons rationnelles – ou non – qui m'ont conduit vers ces chemins buissonniers, mais j'en sais au moins une : je ne voulais pas me fondre dans cette dynamique du désespoir qui empèse le climat d'un centre de rééducation. Des mecs et des filles anéantis, enfoncés dans une dépression morbide. Certains qui restent prostrés ou qui pleurent, d'autres qui picolent et d'autres encore qui taffent du bédo à longueur de journée. Je ne leur en veux pas de ne pas comprendre qu'en s'enfermant dans leur neurasthénie ils créent un climat à la douleur contagieuse. Je les juge d'autant moins que je les comprends. Mais je veux recevoir en retour la même tolérance : pas de ça pour moi.

Je ne voulais pas courir le risque d'être contaminé par cette mécanique collective de l'accablement. Alors oui, j'ai fui, je les ai fuis. Mais je n'ai pas fait cela contre eux, j'avais juste un peu plus de foi, peut-être. Une foi que j'ai jouée à pile ou face car mon entêtement aurait pu être absolument contre-productif, mais il se trouve que j'ai eu raison d'y croire. C'est tout et c'est immense. Aujourd'hui, on va même dire que c'est lumineux, mais quand je suis entré dans ce tunnel qui devenait ma vie, je ne savais pas s'il y avait une sortie.

Comme eux, j'étais moi aussi dans le noir. Plutôt que de m'enfoncer dans l'alcool, le shit ou même les médicaments et le manuel de la rééducation orthodoxe, j'ai fait confiance en l'homme que je suis.

Celui qui courait avant le jour et trébuchait sur des cailloux tremblants pour avoir perdu son chemin dans les futaies encore aveuglées d'ombre.

UNE VIE TOUTE NEUVE

Cet accident n'est pas arrivé qu'à moi.

Les conséquences de la tétraplégie ont un taux de démultiplication assez peu quantifiable, difficile à mesurer sur l'instant. Je ne parle pas ici de l'état physique de celui qui en est victime, mais du monde qui l'entoure, tant humain que matériel.

Les dégâts collatéraux sont nombreux, parfois saugrenus et toujours imprévisibles. Seule leur intensité varie au gré de leur impact, parfois mesurable, ou, plus sûrement, de l'importance qu'on leur accorde.

“ Un séisme dans ma sphère sociale.

Précédemment, j'ai raconté combien j'ai lutté, au risque parfois de bousculer les protocoles du personnel médical. Il serait présomptueux de ma part de dire que j'ai dompté la tétraplégie. On ne la vainc pas. En revanche, on peut triompher, patiemment, à condition de les prendre un à un, des obstacles qu'elle met sur votre route. En l'espèce, l'espoir ne doit pas être de redevenir liane, ou Tarzan, mais de gagner chaque jour un peu plus d'autonomie. Encore une fois, il faut s'entendre ici sur le terme. « Plus » d'autonomie, c'est parvenir aujourd'hui à faire le geste que vous ne parveniez pas à faire hier. Dans cette attente, vous êtes à la merci d'un regard compréhensif, d'une main secourable. Bref, d'une présence constante à vos côtés.

J'ai chaud. Oui, mais je ne peux ni ouvrir la fenêtre, ni essuyer sur mon front la transpiration qui perle. J'ai froid. Oui, mais impossible de monter le chauffage ou d'attraper une couverture. Encore une fois, il faut que quelqu'un le fasse. Vus de l'extérieur, les enjeux relèvent souvent de l'infime : donner un coup de téléphone, utiliser un ordinateur, boire au verre, ouvrir une porte, tourner les pages d'un livre… La partie contre la tétraplégie s'engage le jour où vous vous dites que ces gestes-là, vous les ferez seul. C'est une question thérapeutique, mais aussi une question d'orgueil. Au bout, il y a sa dignité, c'est-à-dire une tentative de reconquête de l'homme que vous étiez… tout en sachant que rien ne sera jamais comme avant.

Qu'importe. Il faut alors s'engager vers des défis quotidiens, à la fois pour triompher d'une situation et pour se délivrer du poids qu'on a la conviction de faire peser sur son entourage. L'état psychologique de la dépendance est pernicieux : on a le sentiment permanent d'être en demande. Une espèce de Roi Soleil éteint qui exigerait la présence inconditionnelle de sa cour. C'est insupportable.

« Autonomie », c'est un mot protéiforme aux contours mouvants. Pour moi qui étais voué à une assistance respiratoire quasi permanente, il s'est agi d'abord de me délivrer de la trachéotomie. Puis de décider que je m'assoirais un jour dans un fauteuil… On le voit, c'est un mot qui peut partir de loin.

Étymologiquement, « autonomie » est composé de *autos* (soi-même) et *nomos* (loi, règle). C'est donc la capacité de se donner une loi ou un cadre qui n'appartient qu'à soi. Par extension, le sens qui se dégage renvoie à l'idée de « se régir d'après ses propres lois », et donc à la liberté de décider pour soi-même. Sur cette base, face à la tétraplégie, tous les coups sont permis. C'est en tout cas ce que je me suis dit pour réapprendre à être, en recollant bout à bout les lambeaux de ce que j'avais été.

J'ai d'abord appris l'anatomie, pour visualiser le schéma des pannes et détecter les circuits susceptibles d'être en état de fonctionner. Cela afin de voir comment reconnecter, de façon tout empirique certes, ce qui pouvait être réutilisé. À force de bidouillages encore méconnus de l'Académie de médecine, j'ai fait et fais encore le nécessaire pour tirer de ma carcasse ce qui peut être récupéré.

Je me suis battu et je me bats encore. Toutefois et hélas, il est désormais une certitude : en dépit de tous les progrès qu'un tétraplégique peut réaliser, il lui faudra toujours une assistance. En ce qui me concerne, malgré toutes les victoires que je peux revendiquer, il n'en demeure pas moins que l'essentiel de mon corps a fui, et qu'à ce titre j'ai encore et toujours besoin de l'aide d'une personne, et ce dès que j'ouvre l'œil.

Pour abandonner la position allongée, tirer les draps, poser les jambes en dehors du lit et glisser sur mon fauteuil : impossible en étant seul. Préparer un petit-déjeuner, assurer la toilette, l'habillage : impossible encore. Et je vous fais grâce des besoins organiques les plus élémentaires. Être tétraplégique, c'est considérer que tout ce qui est humain est remis en question et doit passer au crible du « à peu près faisable », du « on peut y croire » et du « même pas t'y penses ».

La tétraplégie est un sport collectif.

Pour moi, depuis le premier jour, j'ai la chance infinie d'avoir des proches à mes côtés. Je n'ose pas imaginer ce que doit être la vie d'un tétraplégique sans famille.

Depuis la première heure, les miens sont là. Je sais qu'ils ont mis leur vie entre parenthèses pour accompagner mon état. Enfants d'immigrés tous les deux, leur vie modeste mais heureuse et réussie les prédestinait à une retraite apaisée qu'à cause de moi ils n'ont pas. J'ai parfois eu le sentiment d'avoir saccagé leur vie, de leur avoir volé l'épilogue logique de leur amour. Après avoir élevé deux enfants, ils avaient droit à leur maison de campagne et quelques voyages de temps en temps. Mon accident leur a confisqué une partie de leur bonheur.

Je sais. Je sais que, pour eux, ce que je vois comme un « sacrifice » n'en est pas un. À l'heure où, dans la logique des choses, leur fils aurait dû quitter le nid, ils sont là, comme au premier jour, à veiller sur moi comme sur le nouveau-né que je fus. Mais j'ai trente ans aujourd'hui, et toute la différence est dans cette injustice. Ils s'appliquent à me la faire oublier et ils y parviennent en m'évitant le sentiment de leur être redevable – et je sais que ce n'est pas le mot juste, pourtant…

Parler de mes parents c'est aussi parler de ma sœur, que mon état a a contrario en partie privée de ses père et mère. Je sais qu'elle a souffert, qu'elle souffre encore peut-être de la mobilisation que mon état suscite. Mais elle a été et reste là à tous les instants, avec sa confiance et son grand cœur meurtri.

Comment ici leur rendre un hommage à la mesure de ce qu'ils font ? Sans pathos, sans mièvrerie ; un hommage filial et fraternel, juste, qui soit à la hauteur de nos yeux qui se regardent sans plus pleurer désormais ? Dire « merci pour ce que vous faites » c'est si insuffisant, presque injurieux.

Alors je leur dirai simplement : merci pour la vie. Merci parce que je n'ai jamais cessé de la trouver belle, et merci de m'avoir appris à regarder devant.

Promesses et cicatrices…

« Quand on est parents, il est évident qu'on ne souhaite pas qu'un tel événement survienne. En une seconde, tout bascule. C'est un ravage dans tout l'équilibre que nous avions construit une vie durant pour le bonheur de tous.

C'est notre projet de couple, notre histoire d'homme et de femme que nous entendions poursuivre alors que les enfants étaient grands et déjà autonomes, qui a été terrassé. On avait le choix : soit se lamenter, soit repartir.

Évidemment, dans ces cas-là, on repart. On ne peut pas dire que cela a été facile. Un coup l'un, un coup l'autre, nous avons connu de grands moments d'abattement, mais fort heureusement jamais ensemble, ce qui nous a permis de nous soutenir mutuellement.

Aujourd'hui, ça va mieux. C'est complexe de s'expliquer là-dessus parce que dans le fond on n'a jamais admis cet accident et ses conséquences. Disons qu'on a appris à vivre avec. Il a fallu plusieurs années pour domestiquer cette nouvelle vie, que nous n'avions bien sûr pas vue comme ça.

C'est Tony qui donne le tempo. Aujourd'hui, même s'il faut rester dans la nuance, il se débrouille : il est autonome dans ses déplacements quotidiens, il a une épouse et a retrouvé une activité professionnelle… C'est tout le paradoxe : on peut maintenant trouver dans cette situation matière à se réjouir car on part de loin, de très loin. Les médecins ne nous avaient laissé aucun espoir, en tout cas rien dans leur pronostic ne laissait envisager la vie que Tony est parvenu à reconstruire.

En tant que parents de l'enfant que nous avons eu, nous restons profondément affectés. Mais quand on se met dans la perspective de l'enfant que nous avons retrouvé après l'accident, nous pouvons nous estimer heureux.

Notre échelle de valeurs a vacillé et vacille encore entre le temps qu'on peut regretter et celui qui reste à venir, porteur malgré tout de promesses.

Si on parle aujourd'hui de notre joie, c'est parce que c'est dans notre tempérament : on regarde devant, mais cela ne nous empêche pas de sentir nos cicatrices. »

Dominique et Jean-Claude Moggio, les parents de Tony.

Enfin, dans ma vie, il y a Marie. Marie que j'ai jusqu'à présent tue parce qu'elle est discrète et que je lui dois ce respect, c'est ma femme. La jeune fille que je viens d'épouser.

J'ai rencontré Marie de façon banale et distraite. C'était en 2009, je rentrais de l'armée et, après cette parenthèse qui m'avait éloigné de mon biotope amical, j'ai entrepris de rechercher sur Facebook de vieux copains de sport et de lycée. De fil en aiguille, rebondissant d'un contact à l'autre, amis d'amis et de pixels associés, de gens qu'on ne voit jamais, je l'ai croisée sur la Toile par mégarde, en croyant retrouver une autre personne ! Rien de très élégant, en somme. Cette entrée en matière qui aurait pu être vexatoire est devenue au contraire un sujet de complicité.

Nécessairement, faisant partie de ce réseau « virtuel », elle gravitait dans la sphère des connaissances des uns et des autres. Habitant un village voisin de Juzet-d'Izaut, mon pays natal, nous avons fini par nous retrouver au gré de l'une des soirées qu'organisait de temps à autre la joyeuse bande avec qui j'avais fait les quatre cents coups durant mon adolescence.

Elle m'est apparue belle comme une aube, et j'ai assez rapidement compris qu'avec elle j'allais vers de nouveaux jours. Difficile, pour le fanfaron que j'étais, de savoir ce qui m'a retenu près d'elle, mais dès notre première rencontre rien n'a plus été comme avant. Rapidement nous avons fait des choix. Et des projets. Notamment celui de vivre ensemble un jour.

J'étais heureux. Intensément et pleinement.

Un an.

Même pas.

Notre bonheur intact et vertical n'aura pas duré un an. Nous nous sommes rencontrés le 22 février 2009. Le 7 février 2010 a eu lieu mon accident. Notre accident. J'avais vingt-quatre ans, elle en avait tout juste vingt. Que faire ? Je ne lui ai pas demandé de rester. L'hypothèse de son départ relevait d'une éventualité que j'avais intégrée. Dans les moments les plus fragiles de ma convalescence, quand rien ne me permettait de penser qu'un jour je pourrais me déplacer ne serait-ce que sur un fauteuil, j'ai admis qu'une jeune femme de son âge avait autre chose à rêver.

Bien sûr, la question s'est posée. Elle m'a offert la plus belle des réponses en me montrant que sa promesse d'engagement n'était pas un vain mot. Elle a renoncé aux études d'infirmière qu'elle avait entreprises dans une autre ville, une autre vie, et m'a rejoint peu après ma sortie de l'hôpital. Que dire de plus ? Merci ?

Je préfère me battre et lui apporter la certitude que c'est bien moi qu'elle a épousé et non pas un « tétra ». Bien sûr, ce n'est pas ce corps que j'aurais voulu lui offrir, ce corps à la fois douloureux dans son âme et sans souffrance dans sa chair. Je n'ai plus que moi. Moi comme au premier jour, à la merci de ses soins, certes, mais tout entier tourné vers son bonheur. C'est aussi pour elle que je ne fléchis pas. Pour me comporter en homme. Car si je n'en ai plus la stature, j'en ai le courage et la puissance intacts et, pour elle, le plus infime des battements de mon cœur appelle à faire trembler la terre.

En juillet 2015 nous nous sommes mariés, et voguons depuis vers d'autres promesses. Jusqu'alors, tous les serments que nous avons faits ont été tenus. Alors, pourquoi en serions-nous restés là ?

J'ai de la chance. Je le dis haut et fort : j'ai de la chance. Je parle bien sûr depuis ma tétraplégie, ce qui m'autorise à dire que, malgré l'horizon qui se dégage, le coup d'œil en arrière est plus cruel : avant de pouvoir revivre, j'ai dû traverser ce qui est aujourd'hui un champ de ruines.

Si mon accident a soudé le noyau dur de la famille, il n'en a pas été de même pour tous les cercles que je fréquentais ou que nous fréquentions « avant ».

Dès le jour de l'accident, l'onde de choc a parcouru l'échine de l'Ovalie tout entière. On l'a vu, le soir même, mes coéquipiers ont attendu des heures dans les vestiaires dans l'espoir d'avoir enfin de mes nouvelles. Par la suite, de nombreux témoignages me sont parvenus et des actions de solidarité ont été organisées. Ces gestes avaient bien sûr pour but de me soutenir ; mais au-delà de ce qui m'était destiné, ils attestent de l'émotion ressentie par chacun. Avant même la compassion, qui est un sentiment raisonné, le désarroi s'empare naturellement des personnes. Quand une maison brûle, on peut à la rigueur arriver avec son seau d'eau ou proposer un coup de main pour reconstruire. Mais là ?

La dramaturgie qui entoure ce type de circonstance se mesure à l'aune de l'impuissance qui s'annonce. Chacun sait plus ou moins confusément que le temps fera son œuvre pour mettre de la distance, sinon de l'oubli, entre le traumatisme et la nécessité de reprendre le cours des choses. Au début on refuse encore cette perspective, qui s'accompagne dans la plupart des cas d'un sentiment de culpabilité. C'est à la fois fatal et normal. Je le comprends, je sais que ce n'est pas de l'oubli, ni même du rejet.

C'est simplement la vie, plus forte que tout, qui les a entraînés ailleurs. C'est si naturellement évident. Mais je reste persuadé que certains soirs ils pensent à moi en se disant sans doute qu'il est difficile de reprendre contact « après tout ce temps », et plus encore de retrouver le fil d'une conversation après « ça ».

Peut-être.

Je comprends.

Comme je comprends qu'il est difficile sans doute de choisir les mots pour faire face à la situation que mon état peut susciter. Entre lamentos trop pesants et désinvolture de façade, il y a une place pour le malaise, je le ressens.

C'est ainsi.

Certains, que je croyais très proches, ont disparu ; et au contraire des personnes avec qui je n'avais, me semblait-il, que des relations superficielles se sont révélées dans leur empathie.

Bref, ma situation a provoqué un séisme dans ma sphère sociale qui, en quelques mois, s'est atomisée. La tétraplégie est un sport nucléaire.

Cette valse des repères, où les anciens croisent les nouveaux, n'est pas exclusivement liée à mon état qui « fait peur » ou qui gêne, ni même tout simplement au fait que la vie emporte les uns et les autres vers l'avenir qu'ils se sont tracé. Les dégâts collatéraux de la tétraplégie, que j'évoquais plus haut, vont parfois se nicher dans les recoins les plus pernicieux de l'âme humaine.

Le rugby, sport de panache, a aussi un assureur de panache, la GMF. Je dois le dire, la prise en charge dont j'ai fait l'objet a été exemplaire en tous points. Je relève qu'en plus des frais inhérents aux soins et rééducation dont j'ai fait l'objet, la GMF a anticipé les contraintes du handicap que je venais de subir, et tout a été mis en œuvre pour que – au moins matériellement – je ne souffre pas d'une situation qui induit beaucoup plus qu'une simple thérapeutique.

La prime qui m'a été consentie m'a permis de m'équiper, d'une part pour garantir au mieux la mobilité que j'avais acquise, d'autre part pour m'assurer un certain confort domestique. On peut, on doit en parler : être handicapé coûte cher, très cher. On est même parfois aux portes du scandale !

Il faut savoir que le prix d'un fauteuil roulant électrique pour une personne dans mon cas dépasse les 30 000 euros. Il en faut deux, pour parer à toute urgence. Les coussins anti-escarres dont ils sont équipés valent à eux seuls plus de 700 euros chacun. Plus encore, quand on reçoit une facture pour les pièces détachées et les réparations (qu'on ne peut bien évidemment pas faire soi-même), on a le sentiment d'être victime d'une escroquerie. Un train de pneus pour un fauteuil flirte avec les 1 500 euros. Plus cher que pour une voiture ! Ajoutez à cela un lit médicalisé à 6 000 euros (hors matelas), deux lève-personne à plus de 5 000 euros chacun, les sangles qui vont avec (300 euros), un fauteuil adapté pour la douche (600 euros). Et tout est à l'avenant, jusqu'aux couverts (50 euros) et aux verres spéciaux (20 euros). La liste pourrait être longue encore, mais toujours aussi édifiante.

Personne ne songe, bien sûr, à ces invraisemblables conséquences. Elles sont néanmoins cruciales, à la fois pour la personne qui est victime et pour son entourage. Comment faire sans fauteuil électrique, sans lève-personne… ? Encore une fois, j'ai eu de la chance, et je ne peux m'empêcher de penser avec douleur aux personnes qui sont victimes de chauffards sans assurance ou aux accidentés de la vie qui se retrouvent dans mon état, simplement flanqués d'une assurance sociale et d'une modeste mutuelle…

À cet égard, l'assurance de la FFR s'est montrée d'une efficacité redoutable, et les dédommagements ont été à la hauteur véritable du préjudice qu'est devenue ma vie.

Pourtant, cette exemplarité est devenue pour moi une source de peine.

Par les chemins retors de la médiocrité humaine, certains se sont étonnés de me voir aussi entouré et soutenu dans les aspects matériels de ma nouvelle inexistence. Je n'étais pas encore consolidé que, déjà, sans que pour autant je les décèle, des jalousies fomentaient leur venin insidieux. J'ai tout d'abord été étonné du nombre de « malheureux », dont j'ignorais jusqu'alors la situation, qui se mettaient à hanter mon périmètre. Des proches et des moins proches avaient de sérieux besoins d'argent et me faisaient part de leurs difficultés. Tout d'abord, ne voyant rien venir, j'ai compati à leur détresse.

Le point d'orgue a été atteint après une vaine tentative pour adapter à ma situation notre petit logement HLM de Castelginest. Passé le micmac administratif avec lequel nous avons dû nous colleter, les améliorations qui nous ont été consenties se sont hélas révélées insuffisantes. Nous avons alors résolu avec mes parents et Marie de faire construire une vraie « maison de handicapé ». Nous n'en voulions pas tant mais, ne pouvant être aménagé qu'*a minima*, notre logement était devenu invivable. À une partie de l'indemnité versée par la compagnie d'assurance, nous avons dû ajouter le bas de laine qu'avaient pu constituer mes parents au long de leur modeste vie ainsi que les économies que j'avais pu faire sur mes soldes et primes de militaire en opération, et demandé à un architecte de « penser » une maison dans laquelle nous pourrions tous vivre.

Cette maison a vu le jour. Composée de deux corps mitoyens mais indépendants, elle abrite d'un côté mes parents, de l'autre l'intimité que je partage avec Marie. Évidemment, tout y a été conçu pour une personne dans mon état : les pièces sont spacieuses pour accepter la circulation sans contrainte de mon fauteuil, et équipées de capteurs et autres gadgets « domotiques » pour que je puisse réaliser les gestes quotidiens que mon état m'interdit en théorie.

À peine installés, j'ai vu défiler un cortège toujours plus dense de personnes en peine ou, plus exactement, en panne d'argent. Le déclic est venu avec un ami – ou en tout cas une personne que je prenais pour tel – qui est venu me demander… de quoi acheter une voiture qu'il n'avait pas les moyens de se payer ! Autant l'idée de débloquer un retard de loyer ne me choquait pas, mais offrir une voiture ! Pour rester calme, disons que j'ai découvert de nouveaux sentiments. Pour résumer : je me suis mis à ouvrir l'œil.

Le cortège des pleureuses n'a pas faibli. Il s'est étendu jusqu'à un cercle insoupçonné de proximité. Mon attitude en a sans doute glacé quelques-uns, et j'ai su que pour d'autres la déconvenue était allée jusqu'à la médisance. C'est ainsi.

Ce n'est pas le seul ostracisme que ma tétraplégie m'a imposé. Je peux comprendre que des personnes soient, pour des raisons qui leur sont personnelles et que je ne discute pas, embarrassées à mon contact et se montrent maladroites dans la relation. En revanche, il m'est douloureux de relever que, parfois, cette attitude n'est pas déterminée par de la gêne mais par du rejet. Il m'est arrivé par exemple d'inviter à ma table des « amis » qui ont sciemment oublié de me dire que le lendemain ils se retrouvaient pour faire une soirée « à eux ».

En clair : sans moi.

La tétraplégie n'est pas contagieuse mais, visiblement, elle peut déranger.

Entre les pique-assiettes, les jaloux et les fâcheux, la tentation du repli m'a un instant guetté. Je me suis longuement interrogé pour savoir si mon attitude n'inspirait pas ce genre de comportement chez certaines de mes connaissances. J'ai eu la preuve que non car un nouveau cercle s'est dessiné autour de nous, fait de gens sincères et bienveillants qui ne voient en moi… que moi.

Et en Marie mon alter ego.

C'est ainsi que la vie continue. Comme neuve.

Oui, ça fait chier…

« On peut dire que l'accident "nous" est arrivé. Je parle ici de toute la famille. Chacun a pris sa part mais a également veillé à prendre une part de l'autre, je veux dire par là qu'on a tous mis de l'énergie pour tâcher de revenir le plus vite possible à une vie qui ressemble à quelque chose. On a partagé les efforts, pas les faiblesses. Chacun a eu son coup de désespoir, c'est certain, mais on s'est appliqués à ne pas le montrer pour conserver intacte une volonté positive.

Quand il était à la clinique de rééducation, à Verdaïch, j'ai eu un choc terrible. J'étais là quand, pour une raison que j'ai oubliée, les infirmières ont dû le retourner. Hormis sa tête, son corps était inerte, comme mou, et ça, ça m'a foutue en l'air.

J'ai longtemps cru qu'il allait remarcher, j'y crois encore.
Je crois parfois qu'il va venir m'ouvrir la porte et que tout va repartir comme avant. Mais bon, faut être lucide. Même si elle s'est reconstruite, notre famille a laissé une partie de ses rêves dans cette histoire.

Il me tarde d'ailleurs d'avoir un neveu ou une nièce, ce sera une façon heureuse de se remettre dans le cours de la vie.

Il faut accepter de se dire qu'elle n'a fait que changer, que tout continue, c'est sûr. Mais c'est long et on ne peut pas s'empêcher de se dire que c'est dommage, même si le plus important est que mon frère soit en vie.

C'est moins vrai aujourd'hui, mais il m'arrivait souvent de penser "en arrière". Tony, quand il ne travaillait pas, il faisait du sport, après quoi il se présentait au monde toujours tiré à quatre épingles. Il m'a fallu cinq ans, cinq ans avant de pouvoir regarder une photo de lui valide. Maintenant, j'ai intégré cet événement comme faisant partie de notre histoire familiale et je peux regarder devant.
Mais pour tout dire, ça fait chier. Oui, ça fait chier. »

Céline Moggio, la sœur de Tony.

L'AVENIR RECOMMENCÉ

Quand on met le maillot c'est toujours pour gagner, même quand le doute est là. La victoire est toujours au bout des incertitudes, parce que les matchs qui se pensent en amont ne finissent jamais en regardant ses chaussures. Le buteur a les poteaux dans la tête, mais seulement le milieu des poteaux. L'arrière et les centres ont dans les jambes des sprints qui ne peuvent que finir en « terre promise ». Devant, les « gros » pensent à des mêlées, des touches et des rucks où le ballon sort du bon côté, toujours du bon côté. Dans les vestiaires, sur le papier de l'entraîneur, le match s'écrit toujours avec les mots de la victoire à venir. Sinon ?

“ Adieu le talonneur à roulettes confiné chez lui.

Sinon, pourquoi passer ses dimanches à se déshabiller dans des vestiaires en béton, dans les odeurs de camphre, d'aisselles et de canalisations croupies ; enfiler des maillots aussi froids et humides que la soute du bus ; sortir sous la pluie, dans le vent, le gel ou la canicule, sur des terrains pelés, gercés de glace, détrempés comme des rizières ou secs jusqu'à la poussière ? Personne ne peut, ne doit raisonnablement penser qu'il va sortir de là rompu, vaincu jusqu'à l'humiliation, et qui plus est sous les sifflets du public, d'autant plus féroces qu'ils ne sont même pas cent dans les tribunes, qu'ils se sont caillés, mouillés ou, pire, ennuyés, mais qu'ils vont quand même trouver le temps de te faire sentir minable.

Alors, forcément, si tu penses à l'envers de la victoire, tu rentres à la maison. Pas sur la pelouse.

Je suis un rugbyman. Je trouve logique ici de le revendiquer comme une métaphore de ce qui m'est arrivé et du combat que j'ai mené. Je n'ai jamais été un sacré joueur, mais je suis un sacré tétraplégique. Je le sais. Je le dis sans morgue, sans suffisance démesurée ; je le dis parce que j'ai vu autour de moi, à la clinique de rééducation de Verdaïch, des copains subir une tragédie. Moi, je me suis dit que j'avais un défi à relever. Je sais bien qu'« on ne refait jamais le match », mais je reste persuadé que, sans le sport en général, sans le rugby en particulier, je ne serais pas aujourd'hui en mesure de raconter ce parcours.

Quand je suis sorti du cocon de fils et de tuyaux, j'aurais pu regagner les vestiaires d'une existence subventionnée sans que personne ne me le reproche. En revanche, même si je n'ai jamais été un immense talonneur, je n'ai jamais été un joueur ni feignant ni peureux. Alors je me suis « mis devant », c'est ce qu'il faut faire quand tu n'as pas le ballon mais que tu veux te battre quand même. Se « mettre devant », c'est voir les bisons débouler et, sans avoir la prétention de les arrêter, s'appliquer à entraver l'évidente envie qu'ils ont de te terrasser. Je ne me suis jamais échappé. Face à la tétraplégie, pas davantage.

Comme en rugby, reprendre le cours du match après un choc est soumis à des règles : celles qui sont dans le manuel et qui te poussent vers l'infirmerie, et celles que tu vas te fixer parce que tu ne veux pas quitter la partie et que tu sens que c'est comme ça que, toi, tu dois le faire.

J'ai été à bonne école buissonnière.

C'est ainsi que je suis devenu le « vilain petit canard » de la clinique de rééducation de Verdaïch, où je me suis reconstruit en picorant les conseils des kinés, en rajoutant mes recettes dès qu'ils avaient le dos tourné et, surtout, en refusant les constats préétablis du genre « faut pas rêver ». Eh bien oui, j'ai rêvé. Fort heureusement pour moi, l'histoire s'est finie comme dans le conte : l'ostracisme que j'ai cultivé par mes postures de Commingeois entêté s'est révélé payant.

Alors que l'on s'interrogeait doctement sur la qualité de mon trauma et sur le bien-fondé qu'il y aurait à me laisser approcher d'une télévision diffusant un match du Top 14 j'ai profité de ma première permission de sortie… pour aller voir jouer mon équipe ! Inutile de dire qu'au retour on m'épiait, guettant chez moi un syndrome de stress, genre retour d'Afghanistan. J'ai eu beau expliquer qu'en dépit du fauteuil roulant, le simple fait de me trouver sur le banc de touche me donnait l'impression de finir ma saison, d'être encore en piste pour le championnat, je ressentais la circonspection de mes interlocuteurs qui essayaient de discerner ce qui était « bon pour moi ». Et de décréter que mon choix n'était pas des plus opportuns. Pour autant, ce retour vers les pelouses m'avait mis une pêche d'enfer : en regardant les autres, j'avais des fourmis dans les roues ! L'envie d'y être et, surtout, de ne pas rater le prochain match.

Après avoir refusé la camisole chimique et opéré quelques tentatives de fugue, j'ai décrété un jour que je prendrais des week-ends à rallonge. Le désir est un moteur profond qui palpite loin des muscles et des présumés « possibles ». J'ai compris, à tort ou à raison, que mon désir était désormais le centre névralgique le plus puissant à ma disposition.

Encore une fois, il ne s'agissait pas de mépriser l'institution, qui n'accordait des sorties que du samedi midi au dimanche après-midi. Mais je pensais qu'en rentrant chez moi sur des périodes plus larges, j'avais de meilleures chances de me préparer au retour dans le monde réel qui allait s'imposer au terme de mon séjour. Évidemment, ces « ponts » que je m'accordais au gré de ma fantaisie ont fini par se remarquer. Il a fallu un jour que je rende des comptes : j'ai ainsi expliqué à un auditoire ébahi que je réapprenais… à conduire !

Je suis passé du statut de frondeur à celui de doux dingue. Qu'importe. Toujours est-il qu'après m'être exercé au maniement d'une voiture adaptée, j'ai dû me rendre à Bordeaux pour repasser mon permis, épreuve obligatoire pour tout handicapé qui souhaite se mettre au volant. Le stage devait durer dix jours, mais je m'étais préparé ; non pas pour briller mais, parce que je n'avais ni le temps ni les moyens de rester dix jours loin des miens, j'ai passé les épreuves… en deux jours. Et zou ! retour à la maison.

Plus qu'une marge de progression personnelle, la voiture a été pour moi une façon d'entrer dans la vraie vie, celle qui appartient à tous et dont je n'ai jamais voulu m'exclure. Une forme de conquête citoyenne : pouvoir se mêler au flot des gens qui rentrent du supermarché ou qui partent en week-end. Quel bonheur d'être un « tétra » coincé dans les embouteillages ! Il me suffit pour cela de me rappeler que mes premiers bilans médicaux juraient que mon avenir géographique ne dépasserait jamais ma terrasse.

Adieu, le talonneur à roulettes confiné dans son appartement, dont le seul espoir de sortie restait conditionné au bon vouloir des services sociaux susceptibles d'affréter un véhicule adapté. Adieu, les réservations imposées trois jours à l'avance pour avoir la chance d'aller manger une glace au café du coin de 14 h 13 à 15 h 42. « Attention, soyez pas en retard. – Ah non, désolé, les vérins sont en panne, finalement on ne viendra pas… » (Autre version : « Trop d'embouteillages, on sera plutôt là vers 14 h 35 et on partira plus tôt, hein, vers 15 h 10… »)

Je crois que si je ne m'étais pas battu, j'aurais été plus sûrement usé par le contexte du handicap que par ma tétraplégie elle-même.

Jamais je ne saurai s'il eût été mieux pour moi de respecter ce qu'on s'appliquait à me faire faire. Je ne saurai pas non plus si j'ai fait les meilleurs choix. Je sais en revanche que j'ai atteint une partie des buts que je m'étais fixés. Je les ai échafaudés non pas comme des perspectives, mais comme des négations de la fatalité.

Le premier défi a été de refuser de finir comme un légume. Je le dis sans mépris mais avec un certain effroi, car c'est un risque manifeste : la tétraplégie est émolliente aussi pour l'esprit. Quand le corps prend la tangente, la volonté a tendance à le suivre, comme calquée sur cet « aquoibonisme » musculaire proche d'une apesanteur qui guette jusqu'à l'âme.

Je ne redirai jamais assez l'importance de l'entourage pour un tétraplégique. J'entends ici par entourage les personnes qui vivront avec lui quand il quittera le contexte médicalisé et spécialisé de l'hôpital ou du centre de rééducation. Seul, on est rien, et le « tétra » plus que quiconque sans doute. Sa volonté dépend grandement de la façon dont le considèrent les autres. La condescendance abêtit, la brutalité décourage. La juste prise en compte de l'individu qui est souvent caché par le « malade » est un moteur surpuissant, un facteur de motivation sans pareil.

On dit assez couramment que « l'enfant grandit dans le regard de ses parents ». Sur le fond, cet axiome est vrai pour la personne handicapée qui a énormément besoin du regard de l'Autre pour se percevoir. Au vu de tout le temps et de toute l'énergie déployée par mes parents, ma sœur et Marie tout au long de la longue année qu'a duré mon séjour médicalisé, je ne voulais pas qu'ils me récupèrent éteint. Je refusais de poser sous leur regard la vision quotidienne du renoncement.

C'est leur amour qui m'a sauvé. Leur combat a précédé le mien et je devais m'en montrer digne. Et puis j'avais parlé d'avenir à Marie. Une promesse, ça s'honore. De tous nos serments, il en est un qui me tient particulièrement à cœur ; nous l'avons fait avant même que cet accident n'arrive, il est une des raisons pour lesquelles nous avons scellé notre union avant même de la consacrer par le mariage. Nous voulons un enfant.

Un enfant, c'est la paix de tous. Je n'oublierai jamais le bonheur qui nous a transportés loin du quotidien douloureux lorsqu'une fée est apparue dans notre famille. Ornella, l'enfant de ma sœur, est née alors que j'étais encore en « pension » à Verdaïch. Son arrivée a transporté mes parents et, plus largement, nous nous sommes tous rangés derrière ce renouveau. Le mot n'est pas trop fort. Ornella est venue nous montrer que la destruction redoutée du noyau familial, tout entier tourné vers mon cas, n'était au pire qu'une vision de l'esprit. Que l'avenir était aussi pour nous, qu'il y avait en elle toutes les raisons de continuer, non pas d'espérer, mais de poursuivre l'aventure telle que nous l'avions esquissée.

Cette enfant n'est pas venue pour « réparer » une structure familiale vacillante. Elle a été conçue avant même mon accident. C'est avec fierté que j'en suis le parrain et, si je suis supposé l'accompagner dans la vie, c'est elle qui, déjà, m'a donné une grande leçon. À l'heure où je me posais de grandes questions sur la façon dont je devais m'apprêter à reconstruire mon existence, elle m'est apparue comme une évidence : on ne refait pas sa vie, on la continue.

Tout est si simple aujourd'hui. Je ne suis pas dans une « nouvelle vie », je me suis adapté aux exigences que m'a imposées celle qui n'a jamais été une autre que la mienne.

J'ai de la chance, je suis amoureux d'une femme qui m'aime et nous attendons ardemment un enfant, à la préparation duquel nous nous appliquons. Pour couper court aux questions qui pourraient se poser, je réponds : oui, cette mécanique-là fonctionne. Mes prétentions en la matière sont légitimes et en état, parce que ce n'est pas la moelle épinière qui commande l'expression physique de l'amour, mais un afflux sanguin qui n'a rien à voir.

Je comprends la pudeur qui peut entourer ce genre d'interrogation, qu'il est délicat d'exposer à une personne dans ma situation, mais je comprends aussi que le sujet intrigue et, pour tout dire, je trouve cela légitime. Je ne suis pas venu à vous avec ce livre pour faire dans la litote. Bref : j'entretiens une vie conjugale des plus normales. La seule nuance que je peux ici exposer tient aux sensations que j'éprouve, qui sont différentes de celles que je connaissais avant que ma moelle épinière ne soit sectionnée. Différentes mais pas absentes, donc.

C'est ainsi que je peux dire assez facilement – et assez crûment, je le reconnais – que ma tétraplégie, je l'emmerde !

Je vais vivre. Différemment, certes, mais je vais vivre. Avec ma femme, et bientôt mon enfant. Tous mes doutes sont désormais loin, très loin de ce qu'il eût été raisonnable de penser dans l'accablement. Non, je ne suis pas vaincu. Je suis juste un type en fauteuil, ni plus, ni surtout pas moins qu'un homme ordinaire à qui il est arrivé une aventure assez peu banale. Et alors ?

J'ai de l'amour et je pense que j'en donne. Que me manque-t-il ? Des jambes et des bras pour attraper un ballon ? Oui. Pour aller au boulot tous les matins manœuvrer des locomotives ? Non. Je fais autre chose. Je ne cours plus après les ballons, je ne conduis plus les trains, et je me rends compte que ce n'est pas essentiel d'y avoir renoncé. Je fais autre chose parce que ma vie ne s'est pas arrêtée, elle se poursuit sur un registre et des modes que je n'avais pas prévus, mais elle palpite puissamment encore et toujours. La seule crainte que j'ai eue, c'est que le bonheur s'enfuie.

Quand j'ai quitté Verdaïch, il était évident que nous allions nous colleter avec une réalité pas drôle, il allait falloir remettre un quotidien en place dans un petit logement inadapté à ma situation. J'ai tenu à montrer à tous les miens qu'il fallait renoncer à la dynamique torve du handicap handicapant. Alors, la première chose que j'ai faite a été d'organiser un grand voyage dans les Antilles françaises. Cela n'a pas été simple. Mais lumineux. Pas facile, parce que c'était la première fois que je confrontais mon statut de handicapé à la réalité du monde « ordinaire », extérieur au milieu protégé du centre de soins. Mais lumineux parce que ce voyage est venu signifier qu'on laissait l'accident derrière nous et qu'une vie heureuse était toujours au rendez-vous. Il suffisait de s'y rendre.

Comme tous les gens qui reviennent de loin, j'ai voulu que la vie pétille.

J'ai investi quelques sous dans l'entreprise ACA, qui adapte des véhicules pour des personnes à mobilité réduite, et je me suis lancé dans la gestion locative d'appartements meublés. Des activités que je règle en grande partie depuis chez moi avec un téléphone et un ordinateur, et que je peux surtout adapter à mes horaires particuliers, inhérents aux soins quotidiens et à d'autres moins réguliers. Plus que pour le commun, il me faut entretenir ma carcasse, ce qui exige parfois du temps, et ces activités professionnelles sont assez flexibles pour tolérer quelques aléas thérapeutiques.

Le reste du temps, je m'applique à profiter des miens et de la vie qu'ils ont contribué à me rendre. Parfois, nous nous offrons une escapade pour une destination décidée au dernier moment, même si en l'espèce l'idée d'impromptu admet quelques nuances. Dans mon état, voyager ne relève pas d'un exploit mais impose de l'anticipation. Il faut d'une part bien choisir son hôtel, avec des chambres suffisamment spacieuses pour admettre la circulation en fauteuil, et d'autre part mettre en œuvre tout le dispositif nécessaire pour bénéficier sur place d'accessoires aussi indispensables qu'un lève-personne, un siège de douche et autres commodités assez peu courantes, que les meilleurs établissements s'emploient à se procurer ou qu'il faut soi-même louer auprès du spécialiste (généralement, une grande pharmacie) le plus proche.

Cette joie personnelle et familiale retrouvée n'est pas non plus exempte de nuages. Certaines bonnes âmes ont cru voir dans cette façon de se déplacer une manière de cultiver un côté m'as-tu-vu. On m'a même reproché de bouder le camping, qui était une de mes destinations de vacances favorites lorsque j'étais valide, un moment très attendu pour y retrouver cousin(e)s et vieux amis.

Mais, aujourd'hui… Dormir sur un matelas pneumatique ? Rouler avec mon fauteuil dans le sable ? Me rendre aux sanitaires collectifs ? Je suis donc devenu bégueule et, dit-on, abonné aux palaces. Ce travers affecterait également ma famille, qui m'accompagne. C'est un peu dommage, car je reste prêt à échanger une chambre dans un bon hôtel contre une semaine au camping ; je ne suis pas exigeant sur le tarif : il faut juste prendre mon fauteuil roulant et ma tétraplégie avec.

J'ai définitivement pris le parti de vivre heureux ; je ne vis pas caché mais plutôt à l'abri. J'assume ce que je suis. Physiquement, je n'ai guère eu le choix ; concernant la qualité de vie qui est la mienne, j'ai décidé de tirer un trait sur les jalousies et médisances et de fermer ma porte aux fâcheux. Les Noirs, les Arabes, les homos, les handicapés… il n'y a guère de situations où la sève dont se nourrissent les nuisibles ne parvient pas à faufiler ses aigreurs. Je ne pensais pas avoir à éprouver un jour la perception amère du dédain. C'est fait, mais c'est désormais derrière.

Plus que jamais, mieux que jamais, je poursuis mon chemin.

Récemment, je l'ai déjà dit, j'ai tenu à réapprendre à écrire. C'est Sandrine, l'ergothérapeute qui me suit depuis toujours, qui m'a apporté la solution sous la forme de cet étrier magique qui enserre la paume de ma main et se prolonge par une tige rigide sur laquelle se clipse un stylo. Sans doigts, sans main, sans poignet, sans avant-bras, je n'avais au départ que la subtilité de mes biceps retrouvés et quelques mouvements d'épaule pour tracer mes « boucles » et mes « ponts ». On trouvera sans doute plus aisé de faire de la dentelle de Calais avec des gants de boxe. Mais qu'importe : le jour de mon mariage, je n'ai pas mis une croix sur le document d'état civil.

J'ai signé de mon nom l'engagement que j'ai pris auprès de Marie ; en toutes lettres, écrites avec la volonté et l'amour que j'ai puisés dans son regard, mon serment de mari, de citoyen. D'homme. Non pas celui du « tétra » qui, il y a quelques mois à peine, ne pouvait même pas gribouiller tout seul. Marie a épousé Tony Moggio, c'est signé de ma main.

Et mon enfant aura la signature de son père sur son carnet de notes. Oui, j'y reviens, parce que j'en suis là. Nous en sommes là : un enfant pour bientôt.

C'est à cela que je pense et pour le reste, j'ai tout oublié.

Rien que Lui...

« Dès que je l'ai vu, j'ai su que c'était Lui. Tout mon être savait. Tout s'est passé comme si je le connaissais déjà.

Nous sommes entrés en relation par hasard, à la suite d'une confusion de prénoms sur Facebook. Comme nous sommes originaires de deux villages voisins, que ce soient des personnes ou des lieux, nous avions un certain nombre de connaissances en commun et, bien sûr, nous avons fini par nous rencontrer.

Dans les romans on dit le "coup de foudre". Va pour cette expression, même si elle me paraît insuffisante : je suis certaine que même si je n'avais pas déjà vu sa photo sur le réseau social je l'aurais reconnu dans la foule, car il fait partie de moi. Il est comme le morceau de puzzle qui manquait à ma vie pour que je sois un être entier.

L'accident, c'est sûr, a été une épreuve ; mais pas une seule seconde je n'ai songé à renoncer. En fait, je craignais davantage l'inverse. Au début, quand j'allais le voir à l'hôpital alors qu'il ne bougeait pas encore, j'avais peur qu'il me repousse. Soit parce qu'il aurait considéré que je faisais partie de sa vie "d'avant", soit parce qu'il aurait estimé que, vu mon âge, j'avais mieux à faire ailleurs. Il m'a gardée et pour moi c'est tout ce qui compte, car je n'ai jamais imaginé ma vie sans lui.

Depuis ce jour, rien n'a changé. Je parle de ce que nous sommes l'un pour l'autre. Question organisation du quotidien, évidemment, ce n'est pas ce que nous imaginions. Ce qui est arrivé et les conséquences qui en découlent, ce n'est pas fondamental, parce que c'est son amour qui me structure et non pas sa possibilité de faire le 100 mètres en moins de 13 secondes. Je veux dire que je considère que cet accident est une péripétie dans un parcours de vie que nous avions déjà ensemble. C'est comme un détour sur le chemin que nous nous étions tracé.

Quand je regarde Tony, je ne vois pas son fauteuil. La question du fauteuil est plutôt dans le regard des autres. Au début, quand nous sortions, je remarquais les coups d'œil en biais, fuyants.

Gênés et gênants. J'avais l'impression que les gens regardaient la Belle et la Bête, mais maintenant je m'en fous. Sans doute parce qu'on a dépassé la question du handicap, c'est en tout cas mon sentiment. Enfin, pour tout dire, je ne cherche même pas à savoir pourquoi je n'y prête plus attention.

C'est lui qui me rend heureuse, et non le fait de savoir que les gens acceptent les handicapés.

Nous sommes dans notre vie et tout va très bien comme ça. Je n'ai même jamais pensé à ce qui se serait passé s'il était resté valide. Bien sûr, j'aurais pu continuer mes études d'infirmière. Mais si j'avais un boulot cela signifierait qu'il y a une auxiliaire de vie en quasi-permanence entre nous, alors j'ai fait le choix de m'occuper de lui.

De toute façon, dans le couple, c'est Tony qui donne la force. Quand il a un objectif, il y va, il ne renonce jamais ; sa détermination me nourrit. Je pense que je n'aurais jamais fait tout ce que j'ai fait si ça n'avait pas été lui. On vit pleinement, et je crois plus intensément que des couples que parfois nous croisons.

Il m'a fait découvrir une infinité de choses, notamment des pays ou des villes étrangères, parce qu'il aime voyager et il m'en a donné le goût.

Oui, nous aurons un enfant. Nous le souhaitons ardemment. Je ne devrais pas le dire mais, si j'avais le choix, ce serait un garçon.

S'il veut jouer au rugby ? Oui, il ira. Je ne dis pas que je serai la plus rassurée des mamans, mais je ne l'empêcherai pas. Nous, on a choisi de vivre avec ce qui nous arrive.

Alors on n'ira pas contre quiconque, et surtout pas contre notre enfant ni contre le rugby si, comme pour son père, c'est sa passion. »

Marie Moggio, l'épouse de Tony.

EN GUISE D'ÉPILOGUE

Je me sens clair et pur comme un lac de montagne qui accueille tous les ciels, gris et bleus, qui s'y reflètent. Je le sais désormais, je n'ai pas de vie « d'avant », j'ai ma vie.

C'est cette certitude elle-même qui a été la plus difficile à conquérir.

Je ne suis pas dans une conséquence mais dans la continuité d'un parcours qui s'est engagé le jour de ma naissance. Entre-temps il ne s'est rien produit de particulier, sinon un accident notable qui m'a volé une partie de mon corps mais qui ne m'a rien pris, à moi. Peut-être même m'a-t-il donné l'immense privilège d'apprendre à me regarder avec acuité et, partant, à regarder aussi autour de moi ; à puiser dans ma personne l'intensité vitale que je cherchais naguère dans les efforts que j'infligeais à mes muscles.

Je suis l'enfant heureux de Juzet-d'Izaut qui monte au Cagire en courant, qui arpente les courbes et les bois du paysage qui l'a mis au monde. Je suis l'enfant qui se conjugue au présent parce que rien de moi ne m'a quitté. Je suis l'enfant qui se roule dans l'herbe d'avril et le parfum des foins, l'enfant à qui un jour cette herbe fait mal, froide et coupante comme une séparation.

Je suis le sniper du 126ᵉ RI, l'homme aux yeux secs dans le viseur et l'index apaisé, juste une respiration car la balle part du poumon comme on respire. Mon corps des courses solitaires et de l'effort qui ne se partage pas, mon corps de « tireur de haute précision », la tête vide absolument de tout mot qui pourrait désigner ce que je vis dans la lunette.

Longtemps, mon corps m'a pris la parole. C'est le ballon ovale qui me la donne : je suis le talonneur du RC XV qui entre au rugby à vingt et un ans et qui rencontre l'Autre, la fraternité, l'échange. J'y suis. J'y passe trop peu, trop vite, mais c'est la grande école et je suis bon élève. Assez en tout cas pour éclore, dépouillé de la chrysalide de l'enfant silencieux, de la gangue qui tient le guerrier dans l'étau du secret.

Le rugby : je suis l'homme !

Mais je vois la peur, une grande peur, sans savoir que c'est l'annonce du regain, parce que je ne le sais pas encore, mais ce que je fais dire à mon corps je vais devoir le mettre en mots et le porter aux autres : je suis vivant, j'ai de l'amour et une puissance infinie ! Exactement le rapport que j'avais avec l'effort physique.

Cette palpitation m'est aujourd'hui plus intime et cette puissance est au service du devenir des miens. Il a fallu que mes muscles fuient pour que j'entre dans le verbe. Curieux chassé-croisé.

Je suis mari et bientôt père.

Ma vie est là parce que je n'en vois pas d'autre plus juste pour l'homme que j'espère devenir : juste un homme. Mon enfant aura un papa à roulettes, et alors ?

J'aurais pu être Noir ou homo, albinos, obèse…, enfin dans toute autre espèce de situation susceptible d'affronter une discrimination. Qu'importe : personne ne peut plus désormais me confisquer le bonheur.

Ce qui compte c'est que, sur mon fauteuil ou pas, j'ai trouvé une vérité. Ce n'est pas celle qui range le monde sur les étagères du bien et du mal, du beau et du laid ; elle rejette les préjugés et les *a priori*. Elle ne repose pas sur des principes, mais sur une valeur simple : être sincère jusque dans ses faiblesses.

C'est depuis cette place que je parlerai à mon enfant. Plus que d'être un vrai papa, je me suis préparé à être un papa vrai. Cela ne veut pas dire que je ne me tromperai pas, mais au moins je ne le leurrerai pas. C'est, je le sais, beaucoup plus important que d'être valide et installé dans le mensonge. On ne regarde pas un enfant avec des yeux qui trichent.

Je suis en paix.

Clair et pur, j'aimerais que cet enfant découvre les lacs de montagne, le plaisir de l'effort et la dignité que donnent les choix que l'on assume.

Oui, mon enfant, aime les arbres et le bruit de tes pas dans les feuilles. Ce rien, déjà, fera de toi un être riche. Enfin, je t'apprendrai à aimer l'herbe, ses frissons dont toute la montagne vibre, ses odeurs qui l'embaument, les rêves qu'elle emporte et ramène, essence nourricière dans le balancement immuable des saisons. Car la vie ne s'arrête pas au détail de ce que l'on croit être soi, elle commence avec la part d'universel que l'on peut partager.

Remerciements

Je tiens à remercier ici toutes les personnes qui ont permis à ce livre d'exister.

Je pense tout d'abord à celles et ceux qui ont accepté de témoigner, et à celles et ceux qui ont stimulé ma mémoire avec leur sens du détail précis.

Je salue aussi, avec ferveur, tous les rugbymen, présidents de club, comités et autres membres de la Fédération française de rugby et de la Ligue Midi-Pyrénées, qui ont cru en ce projet et soutenu ma démarche.

Un clin d'œil particulier à Georges Catala, qui a su donner le « coup d'envoi » de cette entreprise. Des bravos à l'ami Trevor Brennan qui a fourni l'intendance. Mes respects à Grégoire Carneiro et aux élus de Castelginest pour leur humanité à l'égard de ma famille.

Enfin, et plus largement, merci à ceux qui l'auront lu ou s'apprêtent à le faire sans *a priori* et qui savent que le handicap n'est pas contagieux.

À Marie, pour tous les jours.

Pour plus de renseignements :

Éditions Privat
05 61 33 77 00

info@editions-privat.com
www.editions-privat.com

Mise en pages : Nataly Boutet-Schenten - Studio nbs, à Lavaur (81)
Cet ouvrage a été achevé d'imprimer en septembre 2015
sur les presses de France Quercy (46).
Imprimé en France.